英文法の正体

ネイティブの感覚で捉える

濱田英人

The Anatomy of English Grammar
from Native Speakers' Perspectives

Hideto Hamada

はじめに──説明のための英文法ではなく、使える英文法を

　現在、日本では英語教育が重要視され、小学校から英語が教科として学習されるようになりました。ここで大切なことは、英語を習得するというのはどういうことなのかを十分理解して有効なトレーニングを確立することです。英語の学習では、文法の知識と語彙の習得が不可欠ですが、それだけでは英語が使いこなせるようにならないことは、TOEIC の平均点が世界的にはかなり低いことにも見て取れます（2020 年度は 32 ヵ国中 27 位でした）。

　では、なぜ日本語話者が英語を習得することが難しいのでしょうか。この答えの一端は、日本語と英語の言語的な距離にあります。世界には約 7,000 ほどの言語がありますが、日本語と英語はほぼ両極といってよいくらい全く異なった言語なのです。このために、英語には、日本語にない「冠詞 (a/the)」、「可算名詞・不可算名詞の区別」、「名詞の複数形」などがあり、この感覚を身に付けることはけっこう厄介なのです。

　日本人にとって英語の習得が難しいのはこれだけではありません。英語の習得に不可欠な文法の知識と語彙にしても、その根底にあるネイティブスピーカーの感覚を身に付けなければ、英語を使いこなすことはできません。たとえば、英語の授業で「受動文」を学習し、「能動文」と「受動文」の書き換えを練習しますが、英語のネイティブスピーカーは基本的に受動文は使いません。英語は「動作をする人」に視点を置いて「能動文」で表現するのが基本です。では、「受動文」はどのような場合に使うのか、この

感覚が身に付けば、より一層効果的な英語表現ができるようになります。

　本書は、認知言語学の視点から、中学校・高等学校で学習する「5文型」、「冠詞」、「可算・不可算名詞」、「法助動詞」、「進行形」、「受動文」、「仮定法」、「現在完了」、「前置詞」、「不定詞」、「動名詞」、「that節」などの基本的な項目を取り上げ、それぞれについて英語のネイティブスピーカーの感覚を明らかにすることで、説明のための文法ではなく、実際に英語を使用するために使える文法を習得することを目的としています。

　英語の4技能（読む、書く、話す、聞く）を上達させるためには、英語のネイティブスピーカーの「出来事の捉え方」をマスターすることが必要です。ここで一番大切なことは、英語のネイティブスピーカーが母語習得の過程で頭の中にスロットを形成して、そのスロットに語句を当てはめて出来事を表現することを理解し、私達の頭の中にも同様のスロットを形成することです。

　このスロットというのは「主語」と「目的語（あるいは補語）」のスロットです。実は、私達の母語である日本語の場合にはスロットが形成され難いのです。1つ例を挙げますと、知人の英語教員から聞いたことですが、久しぶりに学校に来たALT（外国語指導助手）に"Remember!""Remember!"と言いながら、生徒達が駆け寄って行ったということでした。日本語では「覚えてる！」「覚えてる！」とだけ言っても、あとは状況が補ってくれますので「私はあなたのことを覚えていますよ」という意味として理解できますが、英語の場合には主語と目的語のスロットは埋められなければ言葉としては成り立ちませんので、"I remember you."と言わなければなりません。英語を習得する基本は、rememberだけで

は何かが足りない、つまり、スロットが埋まっていないという感覚を身に付けることです。本書では、このスロットの形成が英語を習得する基礎となり、英語のネイティブスピーカーの「出来事の捉え方」をマスターし、英語が使いこなせるようになることに繋がることを具体的な文法事項や表現を通して詳しく解説します。

　本書の執筆にあたり、原稿の一部をゼミナールの学生の人達に聞いてもらい、説明が分かりやすいかどうかについて貴重なコメントをもらいました。みんなが自分のことのように一生懸命に考えてくれたことを嬉しく思っています。また、本書の構想の段階からご相談させて頂き、原稿の校正のたびに丁寧にお読み下さり、貴重なご助言を頂きました尾野治彦先生に心から感謝致しております。

　最後に、青灯社の方々には、本書の執筆の機会をお与え頂きましたことに心より感謝申し上げます。特に辻一三氏には、原稿の章立てにつきましてご助言を頂きましたばかりでなく、原稿の内容につきましても温かいご助言を頂き、企画の段階から出版に関わるすべてのことでご配慮頂きました。改めまして厚く御礼申し上げます。

2021 年 9 月 3 日　札幌にて
濱田英人

【目次】

第8章　英語の構文の表現効果　*211*

装丁　柴田淳デザイン室

本書の著者インタビューを YouTube にて公開しています。
下記 URL または右の QR コードより
ご視聴いただけます。

https://youtu.be/sfwRtep1opY

第 1 章

英語の表現パターン

1．英語の5文型の真実

　英語のネイティブスピーカーは出来事をSV（主語＋動詞），SVC（主語＋動詞＋補語），SVO（主語＋動詞＋目的語），SVOO（主語＋動詞＋間接目的語＋直接目的語），SVOC（主語＋動詞＋目的語＋目的格補語）という5つの文型のどれかに当てはめて表現します。では、なぜ英語ネイティブスピーカーはこの5つのパターンで表現するのでしょうか。

　実はここには英語のネイティブスピーカーの出来事の捉え方が関係しています。

> 日本語話者と英語話者の出来事の捉え方の
> 違いを観察してみましょう！！

次の(1a)と(1b)は列車の車窓から富士山が見えたときの表現です。

(1) a. 富士山が見える。
　　b. I see Mt. Fuji.

〈日本語の語順〉

　日本人は「見えているまま」を表現します。<u>自分は自分で見えないので</u>、図1のように、見えている「富士山」とそれを「見る」という行為だけが表現されます。

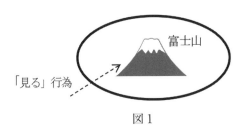

図1

〈日本語の語順の真実〉

日本語話者は見えているままを表現します。

たとえば、本屋で本を買う場面を想像してみてください。

まず**本を見つけ、その後に「買う」という行為をします。**

日本語が**「目的語―動詞」の語順になるのはこのためです。**

〈英語の語順〉

　(1b)で、英語のネイティブスピーカーはなぜ "I" と言うのでしょうか。それは、図2のように、**自分を含めて出来事全体を外から見ている感覚（メタ認知）で表現**するからです。

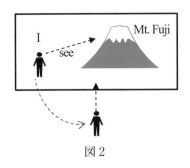

図2

そこで、図の中の要素を順に表現すると I see Mt. Fuji. となります。英語が SVO の語順なのは、これが基になっています。

〈コラム〉
　この日本語と英語の違いは次の例を見ても分かります。
(i)　a. ここはどこですか？
　　　b. Where am I?
(ii)　a. 頭が痛い
　　　b. I have a headache.

この SVO が表現の基本パターンで、英語のネイティブスピーカーは、母語習得の過程で、**頭の中に図3のような概念的鋳型を形成して、その中のスロットに語句を当てはめて話します。**図4はスロットを拡大したものです。

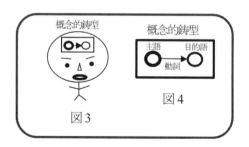

概念的鋳型
概念的鋳型
主語　目的語
動詞
図4
図3

〈英語の5文型の本質〉
　英語のネイティブスピーカーは SV, SVC, SVO, SVOO, SVOC という5つの文型を使って出来事を表現しますが、これは次の出

来事の意味フレームに<u>最低限必要な人や物の数</u>で決まります。

出来事の意味フレーム

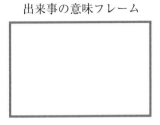

〈第1文型 (SV)〉

　第1文型は登場人物が1人の人あるいは1つのモノが意味フレームにある時の表現です。人が意味フレームにある時は。基本的な身体運動を表す walk, run, sleep などの動詞が中心です。このような動詞は主語になる人が1人いればよく、「場所」、「方向」、「時」など状況を補足説明する<u>役割を果たす要素</u>（副詞句）を必要に応じて付け加えます。たとえば、(2) の文は「クリステンが歩いた」という身体運動を表しています。in the park は「場所」の表現で状況を補足的に説明しています。

(2) Kristen walked in the park.（クリステンは公園を散歩した）

図5

ただ、第1文型では主語と動詞だけの文は非常にまれです。例えば、He lived.（彼は生きた）だけでなく、He lived happily（彼は幸福に暮らした）のように修飾語句を伴うのが普通です。

〈第2文型 (SVC)〉

　第2文型も1人の人あるいは1つのモノが意味フレームにあるときの表現です。SVC という文型は登場人物を特徴付ける表現です。Cは主語を特徴付ける要素で「名詞」や「形容詞」で表現します。このパターンの動詞は be 動詞で S is C という表現になります。

　この S is C というパターンは、S を C とマッピングすることで特徴付けます。

　ここでマッピングというのは、次の図6のように、主語(S)と補語(C)を対応させて関連づけることをいいます。

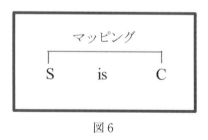

図6

　第2文型の特徴は、次の図7のように、主語の登場人物が1人いて、それを頭の中でマッピングするということです。

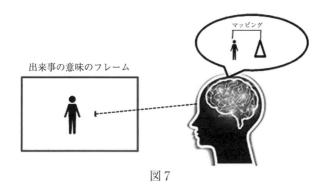

図 7

　主語を職業などある**共通する特性**によって分けた**タイプ**とマッピングする場合は、**外面的に特徴付ける**ことになるので△は**名詞で表現**し、**性質や属性など**でマッピングする場合には、**内面的に特徴付ける**ことになるので**形容詞で表現**するのが基本です。

C: 外面的な特徴付けは名詞で表現
C: 内面的性質で特徴付けは形容詞で表現

次の図8の2枚の絵を観察してみましょう。

図 8

図 8(a) のジョンを特徴付けて S is C で表現する場合、職業等で特徴付け、John と a student をマッピングすると次の (3a) となり、ジョンの内面を特徴付け、John と smart をマッピングすると (3b) のようになります。

(3) a.　John is <u>a student</u>.（外的特徴付け）（ジョンは学生です）
**　　 b.　John is <u>smart</u>.**（内的特徴付け）（ジョンは頭がいい）

　図 8 (b) の絵画を見て、次の (4) のように言うことがありますが、これは、the painting と beautiful を頭の中でマッピングして、その絵画を特徴付けているからです。

(4)　The painting is <u>beautiful</u>.（その絵画はすばらしい）

〈コラム〉
　be 動詞はもともとは (i) のように「存在する」という意味です。

(i) They maintain that God <u>is</u>.（彼らは神は存在すると主張している）

　この使い方は次のように、be の後に前置詞句があるときも同じです。

(ii) John <u>is</u> in the kitchen.（ジョンは台所にいる）

　つまり、John が「台所に存在する」ということで、存在を表す「ある・いる」となるのです。
　S is C の文型の be 動詞は、元々の be 動詞の意味が希薄化

して、現在か過去かという「時」だけを表すようになった
ものです。これは、次の (iii) のように、英語は現在・過去
という「時制」を表示しなければならない言語だからです。

(iii) She <u>is</u> beautiful.

　それに対して、日本語は次の (iv) からも分かるように、
時制を表す表現を必要としません。

(iv) 彼女は美しい。

　ここに英語習得の難しさがあります。

〈第 3 文型 (SVO)〉

　第 3 文型は人あるいはモノが 2 つ意味フレームにあるときの表
現です。たとえば、buy には「買う人」と「買うモノ」が必要で
す。また、meet には「誰」が「誰」と会うのかという 2 人の人
が必要です。そこで、buy の意味フレームに〈買う人：John〉と〈買
うモノ：a computer〉があれば、(5) のように表現します。

buy の意味フレーム

図 9

(5) John bought a computer.（ジョンはコンピュータを買った）

〈コラム〉

英語のネイティブスピーカーは先の図3のように、頭の中にスロットをつくり、そのスロットに語（句）を入れて表現します。そのため、英語の基本パターンはSVOとSVCです。この表現パターンが非常に浸透していますので、(ia) のwalkのように自動詞を他動詞に使ったり、(ib) のwaterのように名詞を他動詞に使うことがよくあります。

(i) a. Mary walked her dog in the park.

（メアリーは公園で犬を散歩させた）

   b. Jane waters the flowers every morning.

（ジェーンは毎朝花に水をやる）

また、英語では、自動詞の後にその動詞を名詞化したものを付加した次のような表現があります。

(ii) The old man lived a happy life.

(≒ The old man lived happily.)

（その老人は幸福な人生を送った）

これも、SVOという表現パターンが浸透しているからです。

〈第4文型（SVOO）〉

第4文型は2人の人とモノが意味フレームにあるときの表現です。たとえば、sendには、次の図10のように、「送る人」、「送る物」、

「受け取る人」が必要です。

send の意味フレーム

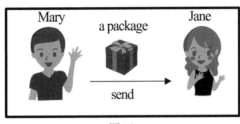

図 10

この状況を表現すると (6) のようになります。

(6) Mary sent Jane a package.（メアリーはジェーンに小包を送った）

第 4 文型は全体で 1 つの出来事を表していますが、特に**意識が向けられているのは 2 人のやり取り**で、ここでは <u>Mary が Jane に送ったということ</u>です。ですから、会話（談話）の中で、Jane が話題になっている場合には、この Jane に視点をおいて次のように受動文で表現することもできます。

(7) Jane was sent a package by Mary.
　　（ジェーンはメアリーに小包を送ってもらった）

しかし、a package には焦点を置き難いので、a package を話題にして、次のような受動文にはできません。

(8) *A package was sent Jane by Mary.

〈ここで注意！〉
　(6) の文は (9) のように第 3 文型で表現することもできます。

(9) Mary sent a package to Jane.(メアリーは小包をジェーンに送った)

この表現の to Jane の to は「方向」を表す前置詞で、矢印（⇒）のイメージです（前置詞 to については、第 6 章 6 節「To のイメージと使い方」を参照）。ですから、(9) を図にすると以下のようになります。

この場合には **Mary** が **a package** を送ったということに**意識**が向けられていて、Mary sent a package で 1 つの意味のまとまりを作ります。そのため、会話（談話）の中で、a package を話題にして表現することができます。この場合には a package が主語になりますから (10) のように受動文になります。

(10) A package was sent to Jane by Mary.
　（小包がメアリーによってジェーンに送られた）

〈コラム〉
　SVOO の表現パターンは次のようなイメージです。

　このイメージに合えば SVOO で表現できます。ここで興味深いことは、典型例としては、「a book などのモノ」が直接目的語になりますが、英語ではこの SVOO が構文として確立しているために、次のような表現も可能です。

(i) a. I gave <u>the car</u> a tune-up.（私は車のエンジンを調整した）
　　b. Bill gave <u>Nancy</u> a hand.（ビルはナンシーを手伝った）

これは、a tune-up（エンジン調整）や a hand（手伝い）はモノではありませんが、a tune-up を the car に与える、Bill の hand（能力・労働）を Nancy に与える、というようにももともとは主語の領域にある技能や能力を間接目的語の領域に与えるというイメージをもつからです。

　ただし、(ia,b) では (6) の Mary sent Jane a package. のように物理的な移動がありませんから、次のように言い換えることはできません。

(ii) a. *I gave a tune-up <u>to</u> the car.
　　b. *Bill gave a hand <u>to</u> Nancy.

〈ここで注意！〉

　第4文型の意味フレームには2人の人とモノが必要です。でも buy のように1人の人とモノだけが必要な動詞も、もう1人増えると第4文型で表現することができます。

(11) Mary bought <u>Jane</u> <u>a book</u>.（メアリーはジェーンに本を買った）

　しかし、buy はもともとは第3文型 (SVO) の動詞です。ですから、buy の意味フレームには「買う人」と「買うモノ」があればよいので、Jane は直接関わっていません。この (11) の表現は、Jane にあげようと思って買ったことを表す文ですから、第3文型で表現すると次のように for Jane を使います（for については、第6章7節「For のイメージと使い方」を参照）。

(12) Mary bought a book for Jane.（メアリーは本をジェーンに買った）

　しかし、buy は本来的に第4文型の表現ではないので、Jane を主語にして受動文にすることはできません。

(13) *Jane was bought a book by Mary.

〈第5文型 (SVOC)〉

　第5文型の SVOC は SVO と SVC の組み合わせでできています。つまり、<u>SVOC という表現パターンは、SVO の O に SVC の表現パターンを組み込んだもの</u>です。たとえば、「ジョンは正直だと思う」ということを表現するためには、(14a) のように、

SVO の O を that 節で表現することももちろんできますが、(14b) のように表現することもできます。

〈SVO と SVOC の関係〉

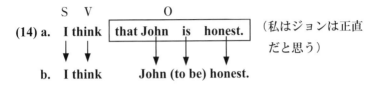

```
           S    V            O
(14) a.  I think │that John  is  honest.│  （私はジョンは正直
                  ↓     ↓    ↓    ↓         だと思う）
     b.  I think      John (to be) honest.
```

(14a) の目的語の that 節内では John が主語 (S) で、honest が補語 (C) ですから、この関係がそのまま、(14b) の目的語と目的格補語にも保たれています。これが SVOC のしくみです。

〈ここで第5文型の核心に迫ってみましょう〉

　この第5文型の原点は、次の図のように、話し手が頭の中で S と C をマッピングして、S is C で表現していることを外から見ている感覚です。

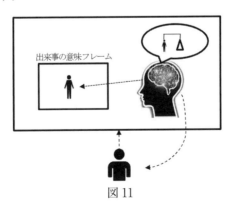

図11

つまり、S is C とマッピングしていることを自己意識することです。昔の英語では methinks〜（私には〜に思われる）という表現があり、Methinks John is honest. のように使っていました。この methinks が I think になったと考えると理解しやすいと思います。

　先程、第 2 文型のコラムで、英語は現在・過去という「時制」を表示しなければならない言語なので、S is C というように be 動詞が必要になることをみましたが、I think John is honest. では、think という動詞に時制を付けることができます。このため is が不要になるので、I think John honest. になり、第 5 文型の形が確立することになります。。

　第 5 文型の表現が以下のように確立すると、この意味に合う動詞が使われるようになります。

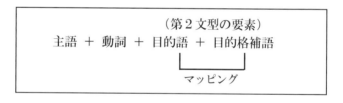

以下に例文を挙げてみます。

(15) a. I think Bill a promising youth.
　　（私はビルは有望な若者だと思う）

　　b. I found John a kind man.
　　（私はジョンが親切な人だと分かった）

　　c. I believe Kristen to be innocent.
　　（私はクリステンが無実だと信じている）

d. Bill proved the theory (to be) right.

（ビルはその理論が正しいことを証明した）

e. They claimed John to be the best candidate.

（彼等はジョンが一番良い候補者だと主張した）

f. They asserted him to be honest.

（彼等は彼が誠実だと主張した）

〈ここで注意！〉

〈コラム：SVO to be C の to be の有無について〉

　「主観的・個人的な判断」の場合には to be は表現されません。しかし動詞の意味から、個人的な判断でも prove, claim, assert のように、主張の根拠となる何らかの客観的な情報が必要な場合には to be が必要です。

〈コラム：that 節との関係〉

　「私はジョンがこの仕事に適任だと分かった」という内容を英語で表現すると、次のように 2 通りに表現することができます。

(i) a. I found that John was the right person for this job.

　b. I found John the right person for this job.

しかし、この 2 つの文の意味はかなり異なっています。(ia) の that 節は主観的な判断ではなく、資料か何かを読んで分かったという「客観的判断」を表します。それに対して (ib)

は直接 John と会って分かったという「主観的判断」の表現です。

２．スロットから見えてくる英語の特徴

　すでに１節でお話ししたように、英語のネイティブスピーカーは、母語習得の過程で、**頭の中に図３のようなスロットを形成します**。

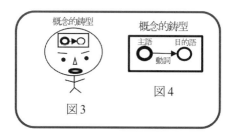

図3

図4

そして、次のように語句をスロットに入れて話します。

(16) a. I bought a plastic model of a car.
　　　（私は車のプラモデルを買った）

　　b. John broke the vase.（ジョンは花びんを割った）

　英語を話したり、相手が話していることを理解するためには、頭の中にスロットを形成することがとても重要です。

〈英語話者の概念的鋳型の重要性〉
この概念的鋳型を観察すると、①英語には主語（～は）が必要だということ、②動作をする側（動作主）が主語になるということ、③他動詞（AがBを～する）が基本形だということが分かります。

たとえば「お父さんにほめられた」ことをスロットに当てはめて英語で言うと、(17)のように表現するのが自然です。

(17) My father praised me.

英語では、動作主(Agent)が主語になるので、**「能動文」が基本**です。**「受動文」は特別な理由がなければ使われません**。このことについては第8章1節の「受動文の表現効果」で取り上げます。

〈日本語は「自動詞」が基本、英語は「他動詞」が基本〉

　英語のネイティブスピーカーは頭の中に形成したスロットに語句を入れて表現するので、他動詞が基本形です。それに対して、日本語は自動詞が基本形なので、英語の習得では頭の中にスロットを形成することがとても重要です。以下に、日本語話者と英語話者の発想の違いを挙げてみます。

〈日本語話者と英語話者の発想の違い〉

　　〈日本語話者の発想〉　　〈英語話者の発想〉

(i) a. 先生に褒められた　⇒　先生が私を褒めた

　　b. その知らせに驚いた　⇒　その知らせが私を驚かせた

　　c. 彼の傲慢な態度にいらいらした　⇒　彼の傲慢な態度が

　　　　　　　　　　　　　　　　　　　　　　　私をいらいらさせた

　　d. 彼女の質問に当惑した　⇒　彼女の質問が私を当惑させた

〈英語らしい表現：無生物主語構文〉

　日本人が不得意とする「無生物主語構文」も、スロットに語句を当てはめて表現することに慣れると、自然な表現に思えてきます。たとえば、「その歌を聞くと、ボストンでの休暇を思い出す」ということを英語で表現すると次のようになります。

(18) This song reminds me of my vacation in Boston.

　　（この歌は私にボストンでの休暇を思い出させる）

日本語では「その歌を聞くと」と副詞的な言い方になりますが、英語はあくまで「この歌は」が主語です。

　また、「この薬を飲めば気分が良くなるよ」という日本語を (19) のように言うこともできますが、(20) の表現がよく使われます。これも図 12 のように、英語のネイティブスピーカーがスロットに語句を当てはめて表現するからです。

(19) If you take this medicine, you will feel better.

(20) This medicine will make you feel better.

無生物主語構文のイメージ

図12

〈パンチのきいた英語でセンスを磨きましょう！〉

　この感覚を身に付けることができれば、英語で表現する幅が広がり、パンチのきいた英語が可能になります。たとえば、「昨日ロサンゼルスで大惨事があった」という内容を伝える場合に、主語のスロットに何を入れるかで、英語の表情が大きく変わります。

〈主語の選択が英語に表情をつける〉

(21) a. There was a great tragedy in Los Angeles yesterday.
　　　（昨日ロサンゼルスで大惨事があった）

　　b. People saw a great tragedy in Los Angeles yesterday.
　　　（人々は昨日ロサンゼルスで大惨事を見た）

　　c. Yesterday saw a great tragedy in Los Angeles.
　　　（昨日はロサンゼルスの大惨事を見た）

　　d. Los Angeles saw a great tragedy yesterday.
　　　（ロサンゼルスは昨日大惨事を見た）

これらの用法について特徴を述べると、以下のようになります。

・(21a) はこの出来事を知らない人に情報を伝える一般的な表現です。
・(21b) は saw という行為をするのは人ですので、一般的な人を表す people を主語にしたものです。
・(21c) と (21d) では「時」や「場所」が主語になっています。これは日常的な言い方ではありませんが、新聞の記事などで使われるパンチのきいた表現です。

〈スロットに何を入れるかで英語の表現力アップ！〉

　英語の基本的な表現パターンは SVO と SVC で、英語の文の約 80％を占めています。この 2 つの文型についてはすでに説明しましたが、それぞれを図で描くと次のようになります。

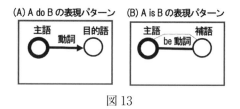

図 13

　英語のネイティブスピーカーは、この図のスロットに「名詞」を入れて表現します。

(22) I visited Boston.（私はボストンを訪れた）
(23) Taro is a high school student.（太郎は高校生です）

〈英語の上達の秘訣〉

　スロットに「名詞」だけでなく、「名詞の働きをする要素（動名詞、不定詞、that 節など）」も入ることが理解できると、<u>英語の表現力は爆発的に豊か</u>になります。ぜひ、何度も音読して使いこなせるようにしましょう。詳しくは 5 章 4 節「名詞の働きをする要素」で紹介します。

第 2 章

動詞のイメージ

この章では、英語の基本的な動詞を取り上げて、それぞれの語の意味と使い方について解説します。英語は類義語が多い言語ですが、類義語の微妙な意味の違いを理解することは、英語を使いこなすためにとても重要です。

1. tell, speak, talk, say の意味の違い

日本語で「話す」に対応する英語に tell, speak, talk, say がありますが、それぞれ意味が違っています。この違いは次のように、第4文型で表現することができるかどうかでチェックすることができます。

(1) a.　I told him the secret.（私は彼にその秘密を話した）

　　b.*I spoke him the secret.

　　c. *I talked him the secret.

　　d.*I said him the secret.

上の例から第4文型 (SVOO) に用いることのできる動詞は tell だけで、その他の動詞は、非文法的となってしまいます。

これはなぜかと言うと、tell には、「相手にある情報を伝える」、つまり、「相手がある情報を得る」という意味があるので、それが**第4文型の him（間接目的語）と the secret（直接目的語）が隣接する形の中に反映されている**のです。それに対して、(2) の例からも分かるように、say は「ある情報を（口頭・文字で）言う」、speak は「声に出して話す」、talk は「相手と話す」という意味です。

(2) a. He said good-bye and left.

　（彼はさよならと言って立ち去った）

　b.The man spoke slowly and with great gravity.

　（その人はゆっくりとそして厳粛に話した）

　c. John and Bill talked about people back home.

　（ジョンとビルは故郷の人々の話をした）

したがって、say, speak, talk には「相手に情報を伝える」という
意味をもっていませんので、第 4 文型をとることができないので
す。

2. look, watch, see の意味の違い

　日本語の「見る」に対応する英語の動詞に look, watch, see が
ありますが、see は「～が分かる」という「認識」を表すことが
できます。この違いはそれぞれの動詞の本来の意味を考えると分
かってきます。

〈look〉

　look のもともとの意味は「（何かを見るために）意図的にある
方向に目を向ける」ということです。そして、どの方向に目を向
けるのかを、次のように at, up, down などで表現します。

(3) a. He looked at the girl for a moment.

　（彼はその少女をちらっと見た）

b. He looked up and saw her.

（彼は顔を上げて彼女を見た）

c. I looked down from the mountain at the valley below.

（山から下の谷を見下ろした）

　このように look は知覚を表す動詞ですから、次の例のように、「～に見える」という意味でも使います。

(4) She looks sick.（彼女は病気のように見える⇒具合が悪そうだ）

〈コラム〉

　look と似た意味を表す語に seem があり、「～のように見える、～のようだ」という日本語に対応する場合もありますが、seem は「発話状況からの推定」を表します。ですから、look とは違って、次のように there 構文に使ったり、形式主語の構文に使うことができます。

(i) There seems no possibility of the Typhoon hitting Hokkaido.

　（台風が北海道を襲う可能性はないように思える）

(ii) It seems that he knows everything.

　（彼はすべてを知っているようだ）

　そして、この知覚行為を表す look に into, for などの前置詞を組み合わせることで、その動作から連想される行為を表します。

〈動作〉　　　〈連想される意味〉

(5) a. look into ~ : 〜の中に視線を向ける ⇒ 〜を調査する

　b. look for ~ : 〜のために視線を向ける ⇒ 〜を探す

〈watch〉

　watch は「意識的に一定時間、期待・警戒などの気持ちをもって見る」という意味です。この意味から、look は通常静止しているモノを見る場合に使いますが、watch は通常は動いているモノや動く可能性のあるモノに使います。ですから、次のような言い方はできません。

(6) *I watched the picture.（私はその絵を見た）

　それに対して、(7) のように言えるのは、まばたきをすることで顔に動きがあるからです。

(7) I watched his face as he blinked rapidly.
　（しきりにまばたきをしている彼の顔を見た）

このように、watch は「眼球運動」によってモノを知覚する場合に使います。

　また、この眼球運動によるモノの知覚から、watch の「警戒などの気持ちをもって見る」という意味がでてくるわけですが、この「警戒の気持ち」から、次のように、「見張る、見守る」、「気を付ける」などの意味にも使います。

(8) a. Watch my things.（私の荷物を見ていてください）

   b. Watch what you are doing.（慎重にやりなさい）

〈see〉

  see は、次のように「視界に入ってくる」ことから「見える」という意味で用いられます。

(9) I see the moon.（月が見える）

  しかし、see は単に見るのではなく、**知覚した状況を認識する**というところまでを意味に含んでいます。つまり、see の意味には**「知覚＋認識（判断）」が含まれている**ということです。このことは「百聞は一見にしかず」ということわざは英語では see を使い、look や watch を使わないことからも理解できます。

(10) Seeing is believing.（百聞は一見にしかず）

「百回聞くよりも一回見る方がよく分かる」ということは、**「それが何かを認識して一定の判断をする」**ということです。

  このように、see には「認識」の意味を含んでいるので、「理解する」、「経験する」という意味で使われるのです。

(11) I see what you mean.（あなたの言いたいことは分かります）

(12) The 18th century saw the American Revolution.

  （18世紀は米国独立戦争を経験した⇒18世紀に米国独立戦争が起こった）

このように、look と watch は「知覚行為」を表し、see は「**知覚＋認識**」を表すことから、次のような言い方をする場合もあります。

(13) If you look carefully, you will see a small mark on the paper.
（注意して見ると、紙の上に小さな印が見えるでしょう）

つまり、look は「ある方向に目を向ける」ということを表し、see が「それが何かが分かる」という認識を表しているのです。

3. get の用法

get のもともとの意味は次のように「～になる」という意味です。

(14) a. The weather got warmer.（暖かくなった）
　　 b. He is getting to be a good pianist.
　　 （彼は上手なピアニストになってきた）

そして、この「～になる」という意味から「場所にいるようになる」、「行動するようになる」という意味でも使われるようになりました。

(15) a. Jim got to Dr. Jone's house at 9:30 a.m.
　　 （ジムはジョーン先生の家に午前9時30分に着いた）
　　 b. I got to know her.（彼女と知り合いになった）

　また、get は「～になる」というもともとの意味から、その後
に目的語を取り他動詞として「～を持つようになる」という意味
で使われるようになりました。そしてこの「持つようになる」と
いう基本的な意味が様々な状況の中で使われていくことで、以下
のように使用の範囲が広がりました。

(16) a. I got a letter from Lucy.（ルーシーから手紙を受け取った）

b. If I listen to loud music, I get a headache.

（大きな音の音楽を聴くと頭が痛くなる）

c. If you get a number 7 bus, it stops at the mall.

（7 番のバスに乗ればショッピングモールで止まるよ）

d. Could I get a coffee?

（コーヒーをいれてくれる / 買っていい）

e. I got a new car.（新車を買った）

〈コラム〉

　(16e) の get は「持つようになる」という基本的な意味から、「買う」という意味で使われるようになったものですが、この場合の get はもともとの意味から「手に入れる」という感覚ですから、口語的な表現と言えます。「買う」という意味を表す動詞には、他に buy と purchase があります。buy は「人がお金と引き換えに物を手に入れる」という意味ですから、「買う」という意味では一般的な語です。それに対して purchase はフランス語からの借入語で、堅い言い方です。日本語の「購入する」という感覚です。そのため、purchase はビジネスレターでよく使われる語です。

(17) I got a book for her.（私は彼女に本を買ってやった）

　そして、get の後に過去分詞がきて受動文として使われるようになりました。

(18) a. He got hurt on his way home from work.
　　　（彼は仕事から帰る途中けがをした）

　b. Bill got dismissed for embezzling money from the company.
　　（ビルは会社の金を横領して解雇された）

　この **get 受動文の特徴は、主語が影響や変化を被る**ということです。(18a) では、**けがをした**ことで、(18b) では、**解雇された**ことで主語が影響や変化を被っています。get 受動文には、このよ

うな特徴があるために、「その手紙はその詩人によって書かれた」
ということを受動文で表現する場合には be 受動文で表現しなけ
ればならす、get 受動文は使えません。

(19) a. *The letter got written by the poet.
    b.   The letter was written by the poet.
      （その手紙はその詩人によって書かれた）

　また、get は have と同じように、「get / have ＋目的語＋過去分詞」
という表現パターンで「〜される」という受動の意味を表します
が、使われ方が違います。get の場合には、「〜になる」というこ
とがもともとの意味ですから、**「主語の関与」**があります。
　次の文を観察してみましょう。

**(20) Jane got her bag caught in the train doors as they were
    closing.**
　　（ジェーンは列車のドアが閉まるときにバッグをはさまれた）

この文の意味には、**主語が不注意**だったということが含まれてお
り、この出来事が起こったのは、**主語に責任がある**ことを表して
います。
　それに対して、**have には主語の不注意という意味はありませ
ん**。したがって、次の (21) ではハンドバッグが盗まれたことに
対して、主語に責任はありません。

(21) Stephanie had her handbag stolen.
　　（ステファニーはハンドバッグを盗まれた）

4. take と have の意味の違い

take と have は次のように同じように使う場合があります。

(22) He took (had) his medicine.（彼は薬を飲んだ）

しかし、take と have ではそれぞれの動詞がどのように使われるのかは全く違っています。

　そこでまず take ですが、この動詞のもともとの意味は「手を置く」「触れる」ということで、そこから「握る、つかむ」という意味で使われるようになり、さらに**「自分の行為または意志で物・事を自分自身に移す」**という意味で使われるようになったものです。

　それに対して、have のもともとの意味は「手に握る」という意味で、目的語になるのは物理的な物でしたが、その後、目的語に son（息子），daughter（娘），children（子供）のような親族関係を表す名詞もとるようになり、やがて experience（経験）のような語も取るようになって**「経験としてもつ」**という意味に発達しました。

　このことから take と have の意味をそれぞれ整理すると以下のようになります。

〈take の意味〉
主語は動作主で、意図的な行為をすることで、何かを得る
〈have の意味〉
主語は経験者で、自分の領域に経験として何かをもつ

take と have は、ともに (23a,b) のように、「take (have) + a 名詞」という表現で用いられることはよく知られていますが、意味は異なっています。

(23) a. I took a walk in the park this morning.
　　b. I had a walk in the park this morning.
　　（今朝、公園を散歩した）

(23a) では**主語は動作主で意図的な行為**を表していますが、(23b) は**ちょっとひと歩きした、という経験**を表しています。したがって、意図的な行為を表す (24) では have は使えません。

(24) *I had a walk to the post office to mail the letter.
　　（手紙を出すのに郵便局までひと歩きした）

5. ask の用法

　ask のもともとの意味は「求める」ということです。この意味は次の例でも分かります。

(25) Bill asked the manager for vacation.
　　（ビルは部長に休暇を求めた）

そして、この「求める」という意味から、なぜ ask が「尋ねる」という意味に使われたり、「頼む」という意味に使われるのかも理解できます。
　次の文を観察してみましょう。

(26) a. Jim asked me how to get there.

（ジムは私にそこへの行き方を尋ねた）

　b. Jim asked me to go there.

（ジムは私にそこに行くように頼んだ）

(26a) は「そこへの行き方の情報を求めた」ということで、(26b) は「私がそこに行くという行為をすることを求めた」ということですから、ともに「求める」という意味があるのです。

　また、ask は「招待する」という意味でも使われていますが、これも「求める」という意味からきています。

(27) a. We asked him to our house.（私達は彼を家に招待した）

　b. We asked him for dinner.（私達は彼を夕食に招待した）

「招待する」という意味は「家に来るように求める」ということから出てきます。

6. go と come の意味の違い

　go と come の基本イメージを図で示すと、以下のようになります。

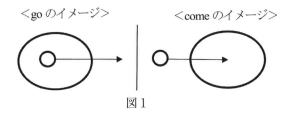

＜go のイメージ＞　　　　　＜come のイメージ＞

図1

go は「自分の領域から離れていく」というイメージで、come は「ある領域に入ってくる」というイメージです。このイメージの違いは次の例を見ても分かります。

(28) a. Mother goes to the market every day.
（母は毎日マーケットに行きます）

　b. Kristen came to see me last Sunday.
（この前の日曜日にクリステンが遊びに来た）

この go のイメージと come のイメージでは方向は逆ですが、矢印で示される移動・状態の変化（推移）があるという点で共通しています。そのため、go も come も「～になる」という意味でも使われます。

(29) a. John went red.（ジョンは赤くなった）
　b. Her dream came true.（彼女の夢が実現した）

　ただ、「～になる」という意味では、come は入って来るというイメージから「好ましい状態になる」という場合に、go は出ていくというイメージから「好ましくない状態になる」場合に使われます。

(30) a. The fruit has gone (*come) bad.（果物がくさった）
　b. The iron went (*came) rusty.（鉄がさびた）
　c. The motor came (*went) alive again.
（モーターがまた動くようになった）

　その一方で、goとcomeのイメージの違いから、独自の意味でも使われます。goは「自分の領域から離れていく」ということから「なくなる」という意味でも使われます。

(31) a. All our money has gone.（全財産がなくなった）
　　b. The pain has gone now.（痛みは今はなくなった）

　それに対して、comeは「ある領域に入っていく」ということから、「現われる」という意味で使われます。

(32) The moon came in the night sky.（夜空に月が出た）

7. put の用法

　putの基本的な意味は「モノをある場所に置く、移す」ということで、この具体的な行為が抽象的にも使われるようになり、「ある状態におく」という意味で使われるようになって、さらに動作や出来事を「誰か（何か）に移す、もたらす」という意味で使われるようになりました。
　この「モノをある場所に置く、移す」という基本的な意味から、「主語＋put＋目的語＋前置詞句」という表現パターンになりますから、次の(33b, c)のように何か要素が抜けると文が成りたたなくなってしまいます。

(33) a.　I put the key on the table.（私は鍵をテーブルの上に置いた）
　　b.*I put the key.（私は鍵を置いた）

c. *I put on the table.（私はテーブルに置いた）

この点で、次の (34B) のように、日本語では状況から察することができれば、「鍵」という語を表現しなくても問題ありませんので、この違いを理解することが大切です。

(34) A: 車の鍵知らない？

    B: テーブルの上に置いたよ。

また、put の使い方が「具体的な出来事」から「抽象的な出来事」へと意味が拡張していることは次の例をみても分かります。

(35a), (36a) は具体的な出来事を表していますが、(35b), (36b) は抽象的な意味で使われています。

(35) a. John put a magazine on the shelf.

    （ジョンは雑誌を書棚に置いた）

    b. John put pressure on Bill.

    （ジョンはビルに圧力をかけた）

(36) a. Jane put the key into the pocket.

    （ジェーンは鍵をポケットに入れた）

    b. Jane came to put trust in the new boss.

    （ジェーンは新しい上司を信頼するようになった）

8. give の用法

第 1 章で、第 4 文型に用いられる give の使い方をみました。

ここで一言だけ付け加えると、この文型では間接目的語は典型的には人になります。これは間接目的語は「受領者 (recipient)」でなければならないからです。次の (37) では Bill は a book の受領者です。

(37) John gave Bill a book.（ジョンはビルに本をやった）

そのため、次のような場合に、New York を「受領者」として解釈することは不可能ではありませんが、一般的には「場所」として理解されるので、(38a) のように、第 4 文型では表現できず、(38b)のように第 3 文型で表現しなければなりません。

(38) a. (*)I gave New York a large amount of money.

　　b.　I gave a large amount of money to New York.
　　　（ニューヨークに多額のお金を寄付した）

　次に、「主語＋ give ＋目的語」という表現パターンについてみてみます。この場合の give の基本的なイメージは図 2 のように「内から外へ何かを発する」ということです。このイメージから次の(39) のように、身体から音、表情、動作が放出する場合によく使われます。

図 2

(39) give a cry（泣く）、**give a yawn**（あくびをする）、**give a sigh**（溜息をつく）、**give a nod**（うなずく）、**give a frown**（しかめつらをする）、**give a shrug**（肩をすくめる）、**give advice**（忠告する）、**give evidence**（証言する）、**give a talk**（講演する）

また、「**内から外へ何かを発する**」という give の基本的なイメージが、無生物にも使われます。以下に例を挙げてみます。

(40) a. The flowers give a delicious smell.
　　（この花は芳しい匂いがする）

　b. The sun gives heat and light.
　　（太陽は熱と光を与えてくれる）

　c. The analysis gave the following results.
　　（その分析では次の結果が出た）

9. want の用法

want は「～を望む」という意味が基本であるように考えられがちですが、もともとは「～が欠けている」という意味で、図3のように、その欠けたものを必要とする、ということから「～を望む」という意味で使われるようになったのです。

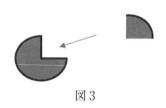

図 3

want のもともとの意味は次の（41）のように使われますが、この意味では (41b) のように be wanting の形で使われることが多いと言えます。この場合の wanting はもともとは現在分詞ですが、現在は形容詞に分類されています。

(41) a. John wants for money.

（ジョンはお金に関して欠けている⇒お金に困っている）

　　b. Bill is wanting in courage.（ビルには勇気が欠けている）

　　c. She wants affection.（彼女には愛情が足りない）

　　d. The sum collected wants but a few dollars of the desired amount.

（集められた金額は望みの額にわずか数ドルだけ足りない）

そして、この「欠けている」という意味から、欠けている部分を補うということで、「～が必要だ、～が欲しい」という意味で使われるようになりました。

(42) a. This motor wants the attention of a good mechanic.

（このモーターは腕のよい機械工に見てもらうことが必要だ）

　　b. I want your opinion.（あなたの意見をうかがいたい）

　　c. Thank you so much. I've been wanting the book for ages.

（どうもありがとう。ずっと前からその本が欲しかったんだ）

また、「～が必要だ」ということから「用事があって探している」という意味でも使われます。

(43) a. Your father wants you.（お父さんが探しているよ）

   b. The man was wanted by the police.

   （彼は指名手配されていた）

10. make の用法

　使役動詞の make については後で詳しく見ますが。ここでは make の基本イメージについて見ておきます。

　make の基本イメージは**「自分の働きで新たに何かを生じさせる」**ということです。

　そこでまず目的語として思い浮かぶのは具体的な物です。

(44) a. Jane made a fruit salad.

   （ジェーンはフルーツサラダを作った）

   b. Jim made a rough draft of the report.

   （ジムは報告書の下書きを書いた）

　このように「作る」という意味の場合には、一般的に材料は of で、原料は from で表されます。つまり、**原形をとどめている場合は of、原形をとどめていない場合は from を使う**ということです（of については第 6 章 10 節「Of のイメージと使い方」、from については 8 節の「From のイメージと使い方」を参照）。

(45) a. The frame is made of metal.（枠は金属でできている）

   b. Cider is made from apples.

   （リンゴジュースはリンゴからできている）

　そして、この make の基本イメージから「make ＋出来事を表す名詞」で 1 つの動作を表すのにも使われます。

(46) make a reservation（予約する）、**make efforts**（努力する）、**make a stop**（停止する）、**make a move**（立ち去る）

　では、次のような make の使い方はどのように理解したらよいでしょうか。

(47) Bill will make a good teacher.
　　（ビルは良い先生になるでしょう）

この表現はもともとは (48) のように、make の後に himself があったものが省略されてできた表現パターンです。

(48) Bill will make himself a good teacher.

　これと似た表現に次のようなものがあります。

(49) Mary will make Jack an excellent wife.
　　（メアリーはジャックにとって素晴らしい奥さんになるでしょう）

この表現の Jack は専門的には「利害の与格」といい、for Jack（ジャックにとって）という意味です。ですから、次のように表現することもできます。

(50) Mary will make an excellent wife for Jack.

11. start と begin の違い

　日本語で「～し始める」と言うときに、start も begin も同じように用いられると一般的には言われますが、start と begin では微妙に意味が異なっています。たとえば、「雨がぽつぽつ降り始めた」と言うときには (51a) の begin to ~ の方が (51b) の start to ~ よりも自然です。

(51) a.　It gradually began to rain.
**　　 b. ?It gradually started to rain.**
　　　（雨がぽつぽつ降り始めた）

　実は、start は出来事そのものの始まりを表すので、gradually を付けると違和感があるのです。また、このように **start が出来事そのものの始まりを表す**ことから、(52) のように、**出来事をモノとして名詞化した動名詞と相性**が良いのです。

(52) It started raining.

　それに対して begin は出来事の始まる寸前からを表すので、gradually と一緒に使っても違和感がありません。また to 不定詞は、動名詞と違って、出来事の始まる寸前も意味に含むので、(53) と (54) では、(53) の方が自然なのです

(53) It began to rain.

(54) It began raining.

　もう少し付け加えると、to 不定詞が出来事の寸前を表すこと
は次の例を見るとよく分かります。

(55) He began to say something, but his words broke into a
　　 rasping cough.
　　（彼は何かを言いかけたが、言葉にならず激しくせき込んだ）

12. 使役構文の動詞

　「使役」とは基本的には「他者にあることをさせる」ことを言
います。ですから、「使役構文」とは主語が力を行使して「他者
があることをする」ことを促す構文だということです。これを図
で描くと以下のようになります。

(56) John made Mary go there.

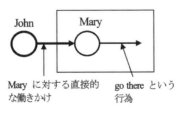

＜使役構文のイメージ＞

図 4

代表的な動詞には make, have, cause, force などがありますが、動詞の性質によって、目的語の後の動詞が動詞の原形（原形不定詞）になる場合と to 不定詞になる場合があります。

〈使役構文の形〉

主語 ― 動詞 ― | 目的語―原形不定詞（または to 不定詞）

　　　　力の行使　　目的語がある行為をするという出来事

〈ポイント〉
・原形不定詞になるのは「**力の行使**」と「**目的語の行為**」が **直接的**だったり、**同時的な場合**です。
・to 不定詞になるのは「**力の行使**」と「**目的語の行為**」が **間接的**だったり、**時間差がある場合**です。

---

　make や have の使役文において、次の (57a,b) では、「ビルがそこに行く」という出来事を「ジョンがさせた」ということは、「行ったとき」が「させたとき」ということになりますから、同時ということになります。ですから、この場合は「目的語＋原形不定詞」になります。

(57) a. John **made** Bill **go** there.

　　　b. John **had** Bill **go** there.
　　　　（ジョンはビルをそこに行かせた）

　それに対して、次の (58a) では、「ビルが強いたとき」と「ジェーンが契約書にサインしたとき」は時間のずれがありますし、(58b) では、「不安」が「心理的な問題を引き起こす」という出来事の原因となっているということで、cause は**「非意図的な使役」**ですから、**間接的**になります。したがって、この場合は「目的語＋to 不定詞」になります。

(58) a. Bill **forced** Jane **to** sign the contract.

　　　（ビルはジェーンに契約書にサインさせた）

　　b. Anxiety **caused** John **to** develop psychological problem.

　　　（不安がジョンに心理的な問題を引き起させた）

〈コラム〉

　make や have の使役文で目的語の後の動詞が原形になるのは「**知覚動詞構文**」でも同じです。

(i) John saw Mary enter the house.

この場合も「メアリーが家に入る」のと「見た」は同時ですから原形不定詞になるのです。

〈ここで注意！〉

　make の使役文と have の使役文では微妙な違いがあります。

(59) a.　I made the squirrel leave the room.

b.*I had the squirrel leave the room.

（私はリスを部屋から追い出した）

(59b) が容認されないのは、have を使う場合には**主語と目的語の間に直接コミュニケーション**がなくてはならないからです。そのため、リスにはそのような能力があるとは考えられませんので、不自然な表現になってしまうのです。have の使役文で目的語が典型的に人になるのはこのためです。

〈ここでもう少し踏み込んでみましょう〉

　make と have では主語になるものにも違いがあります。例えば、「彼の冗談がみんなを笑わせた」ということを make では言えますが、have では言えません。make では力を加えるのは「彼の冗談」のように人でなくてもよいのですが、**have では「主語と目的語のコミュニケーション」が必要ですので、モノを主語にはできない**のです。

(60) a.　His joke made us all laugh.

**　　b. *His joke had us all laugh.**

　　　（彼の冗談が私達みんなを笑わせた）

〈**have 使役文の真実**〉

　英語には「主語＋ have ＋目的語＋動詞の原形（または過去分詞）」という構文があり、「～させる」、「～してもらう」、「～される」と訳すと学習参考書には書いてあります。ここでは、この構文がなぜこのような 3 つの意味になるのかをお話しします。

　そこでまず、次の文がどのような意味なのかを考えてみましょう。実は、この文の意味は状況に応じて色々な意味になるのです。

(61) Bill <u>had</u> the man <u>look at</u> the car.

〈(61) の意味の可能性〉

(A) ビルの車が故障して、修理屋さんに見てもらったという状況では「ビルはその人に車を見てもらった」となります。

(B) the man が Bill の部下である場合には「ビルはその人に車を見させた」となります。

(C) Bill が犯罪の容疑者である場合には「ビルはその人に車を調べられた」となります。

　このことから、この構文は「主語が経験として出来事をもっている」ということを表すだけで、「～させる」「～してもらう」「～される」という意味は状況によって解釈されるということが分かります。つまり、(61A), (61B), (61C) のそれぞれの意味は、発話の場面や状況と主語が動作主なのか、経験者なのかで決定されます。

　また、「主語が経験として出来事をもっている」ということから、次の例では、「～があります」という日本語が自然です。
（ここでは英語の感覚を身に付けるために、文頭から意味のまとまりごとに理解するサイト・トランスレーションにしてあります）

(62) I would like to thank you / for your visiting the J.F.K. Memorial. // In the exhibition hall, // <u>you will have / a</u>

person in charge make a brief explanation / of the facilities / in this memorial.

（あなた方にお礼を申し上げます ／ J.F.K. 記念館を訪問していただいて。// 展示場では ／ あなた方はもつことでしょう ／ 係員が簡単な説明をすることを ／ 設備について ／ この記念館の。//）

〈have の歴史から見る使役文の発達〉

have はもともとは次の (63) のように、「モノをもっている」という意味で使われていましたが、1300 年頃から、「出来事をもっている」という意味にも使われるようになりました。ですから先に見た (62) の例は「have ＋出来事」の典型的な例なのです。それが、この構文が使われる状況によって「使役」にも使われるようになり先の (61A-C) のように理解されるようになったのです。

(63) I have a car 　（「車」という**モノをもっている**）

この構文で大切なことは、次の (64), (65) のように、目的語の後ろの動詞が原形になるのか過去分詞になるのかということです。ここでは次のように考えます。

> ・目的語が動作をする側　 ：動詞は原形になる
> ・目的語が動作をされる側：動詞は過去分詞になる。

　　　　　　　　出来事

(64) I had | a mechanic <u>repair</u> the car.　（「修理工が車を修理する」
　　　　　　　　　原形　　　　　　　　　　　という**出来事をもった**）

　　　　　　　　出来事

(65) I had | the car <u>repaired</u>.　　　　（「車が修理される」という
　　　　　　　　　過去分詞　　　　　　　　　**出来事をもった**）

このことをイメージで描くと以下のようになります。

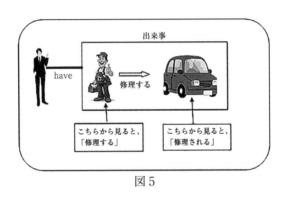

図5

　この節では、使役動詞の make と have を取り上げてそれぞれ
のイメージの違いについて説明をしました。使役動詞にはこの他
に get や let もありますので、まとめとして、それらを含めて使
役動詞の使い方を整理しておきます。次の (66a) から (66d) は日
本語では「母親は彼女の息子を塾に行かせた」となりますが、英
語では使役動詞の違いによって意味も異なります。

(66) a. The mother made her son go to a cram school.

　　 b. The mother had her son go to a cram school.

　　 c. The mother let her son go to a cram school.

　　 d. The mother got her son to go to a cram school.

　　　（母親は彼女の息子を塾に行かせた）

(66a) では、her son の意志に関係なく塾に行かせたという意味です。学習参考書では、make は「強制的にさせる」と書いてあることが多いですが、これは「目的語の意志に関係なく〜させる」ということからくるのです。それに対して (66b) の場合は、have は、先程見ましたように、「主語と目的語のコミュニケーションがある」ことを表しますので、母親が息子に相談して、「息子を塾に行かせた」という意味です。一方、(66c) の let は、「許可を与えて〜させる」という意味ですから、her son が「塾に行きたい」という気持ちをもっているさいに使われます。つまり、息子が塾に行きたがっているので行かせた、という意味です。最後に (66d) の get ですが、この場合は主語が目的語に説得を重ねて、ある行為をさせるということです。get の使役文が「目的語＋ to 不定詞」となっているのは、先にも見ましたように、息子を説得するという行為と息子が塾に行くという出来事の間には時間差があるためです。ちなみに、この get 使役文では (67) のように言うことはできません。

(67) *Bill got Jane to go to New York, as she had wanted to.

　　　（ビルはジェーンが行きたがっていたのでニューヨークに行か

　　　せた）

これは、（67）に get 使役文の有している**「説得を重ねて苦労して～させる」**という意味はないからです。

〈コラム：動詞の自他交替〉

　英語では、SVO で用いられる他動詞が SV で用いられる自動詞としても使われる場合があります。そこで次の (ia,b) を観察してみてください。

(i) a. John broke the vase.

　　（ジョンは花びんを割った）

　b. The officer marched the troops into the town.

　（将校は軍隊を町へ行進させた）

(ia) は花びんが割れるという状態変化を表しており、(ib) は軍隊が町に入るという位置変化を表しています。このように、主語が力を加えて目的語の状態や位置を変化させるので、専門的にはこうした文を使役文と言います。このような動詞の特徴は、次のように「自動詞」にも使われるということです。

(ii) a. John broke the vase.（ジョンが花びんを割った）

　b. The vase broke.（花びんが割れた）

(iii) a. The officer marched the troops into the town.

　　（将校は軍隊を町へ行進させた）

　b. The troops marched into the town.

　　（軍隊が町へ行進した）

ちなみに、speak などの一般の他動詞は、目的語の状態変化

をもたらしたり、位置変化をもたらしたりしません。この
ような他動詞は自動詞には使えません。

ここで語彙的使役動詞の例を少し挙げておきます。

〈使役動詞の例〉
burn（〜を焼く / 〜が焼ける），**open**（〜を開ける / 〜が開く），
increase（〜を増やす / 〜が増える），**boil**（〜を沸かす / 〜が沸
く），**melt**（〜を溶かす / 〜が溶ける）など

第 3 章

英語の「時制」と「完了形」「進行形」の感覚

〈英語に時制（現在形・過去形）があるわけ〉

　英語には必ず時制（現在形・過去形）が必要です。この点が実は日本語話者には厄介なのです。見えている状況を見えているまま表現する日本人には、(1a) のように、「時制」を表現する必要がありません。それに対して、出来事を外から見ている感覚で表現する英語話者にとっては、出来事がいつのことなのかを示す時制が必要なので、(1b) のように、be 動詞を現在形か過去形で表現する必要があります。

(1) a. この花（は）きれいだね。

　　b. This flower is beautiful.

1. 英語の現在形の意味

　動詞には「動作動詞」と「状態動詞」があります。それぞれの特徴を示すと以下のようになります。

〈動作動詞の現在形は何を表すのか〉

　「動作動詞」について、たとえば「読む」という動作は、**「読み始め」**から**「読み終わる」**までの全体で**「読む」**という動作になります。そのため現在形であっても、今、現実にその場で起こっていることは表せません。**「動作」**を表す動詞の現在形は**「予定」**や**「一般的なこと」**を表すということになります。つまり、次の図 1 のように**「知識世界」**のことを表すのです。

図1

　「知識世界」のことというのは、目の前で起こっていることや特定の時に起こったことではありません。具体的な例を挙げてみます。

(2) a. Water boils at 100 degree Celsius.
　　（水は 100 度で沸騰する）

　b. The 85 bus runs every twenty minutes.
　　（85 番のバスは 20 分おきに運行している）

　c. The concert begins at 7 p.m. this coming Saturday.
　　（コンサートは今度の土曜日の午後 7 時に始まる）

上のようなことは、学習して得た知識であったり、予定表などを確認して得た知識です。ですから、目の前のことを話すのとは違って、ある事柄を思い浮かべて話す感覚です。このために特定の「時」は関わっていませんので、現在形で表現します。

〈状態動詞の特徴〉
　それに対して、「状態」を表す動詞というのは**「終わり」**をイメー

ジできない**動詞**のことです。このことは次の例を見ても分かります。

(3) a. I know Dr. Park well.
　　　（朴先生のことならよく知っています）
　b. My parents live in Kumamoto.
　　　（両親は熊本に住んでいます）

　「状態動詞」は、「動作動詞」とは違って、たとえば、live（住んでいる）を例に取り上げると、「変化がなく、どの一部（時点）を取っても住んでいる」と言える動詞です。このように、一部（時点）を取っても言えるということは、目の前の状況を表現できるということですから、状態動詞の現在形は「現実世界」の出来事を表します。

〈動作・行為を現在形で表現するときの感覚〉
　「行為（動作）」を表す動詞も現在形で表現できる場合があります。そこで次の英文を観察してみましょう。

(4) a. The doctor says she is a little better today.
　　　（医者は彼女は今日は少し良いと言っている）
　b. The president argues that more international students should be admitted to the university.
　　　（学長はもっと多くの留学生を大学に受け入れるべきだと主張している）

(4) の英文では「医者が言っている内容」、「学長が主張している
事柄」はそれを読んだ時点で分かっているわけですから、「言う」、
「主張する」という「行為（動作）」の始まりから終わりまでの全
体を頭に浮かべることができます。

　しかし、医者が言ったり、学長が主張したのは「過去の出来事」
なわけですから、said, argued と過去形でも言えるのに「現在形」
を使っているのは何故かという疑問が出てきます。**これは話をす
る「今」、出来事を思い浮かべているので、その内容を伝えると
きに現在形となる**のです。動作動詞がこのように使われる場合に
は、**「動きを感じない」**ということになり、(4a,b) では say は「言
う」、argue は「主張する」という「行為」ですが、「言っている」、
「主張している」という「状態的」な日本語がぴったりくるのです。

〈say は状態動詞としても使われます〉

　新聞や本や看板に「～と書いてある」という意味で say
が使われることがありますが、この場合の say は状態動詞
ですので進行形にはできません。

(i) The newspaper says (*is saying) it's going to be cloudy today.
　（新聞には今日は曇りだと書いてある）

　つまり、**動作か状態かは動詞の使われ方による**のです。

---

2. 過去形のイメージとその表現効果

　過去形は「**話者が出来事を何らかの点で「遠い」と感じていることを表す表現**」です。では、この「遠い」というイメージから「過去形がどのような表現効果をもつのか」を簡単に見ておきましょう。

(A) 時間的に「遠い」ことを表す場合：

　この場合の過去形は「過去時」を表します。そのさいには<u>特定の過去の時を示す表現を伴う</u>のが普通です。

(5) John graduated from Boston University in 1957.
　（ジョンは 1957 年にボストン大学を卒業した）

(B) 対人関係が「遠い」ことを表す場合：

　英語には日本語のような敬語体系（尊敬語、謙譲語、丁寧語）がありません。英語では、want, hope, wonder のような**「願望」を表す動詞の過去形**が対人関係の距離の遠さを表し、**丁寧表現**として使われます。このような丁寧表現は**儀礼的過去**とも言われます。

(6) a. I wanted to ask you something.
　　　（あなたにお願いしたいことがあるのですが）

　　b. I hoped that you would give me some advice on this matter.
　　　（この件に関して助言をいただければ有難いのですが）

〈コラム〉

(i) a. I want to have a cup of coffee.

　　（コーヒーが飲みたい）

　b. I would like to have a cup of coffee.

　　（コーヒーをお願いしたいのですが）

want to ~ の場合は to~ するという方向に望みをもつということで直接的な（ストレートな）願望の表現ですが、would like to~ の場合は to~ するという方向を好む（like）ということで、want よりも意味が弱く、それに加えて**意志を表す will を過去形にすることで距離を持たせ、意志を遠くに置くことで、それだけ控え目な言い方になり、丁寧な感じの表現**となります。

(C) 出来事の起こる可能性が「遠い（低い）」ことを表す場合：

　if 節の動詞が過去形になると、出来事が起こる可能性が遠い（低い）ことを表します。これは一般に仮定法として知られています。

(7) If John <u>took</u> a taxi, he <u>would</u> have a better chance of getting there in time.

　（もしジョンがタクシーに乗れば、時間に間に合ってそこに着けるのに）

この場合には話者は「ジョンがタクシーに乗るだろう」とは思っていません。

では(7)は次の(8)の英文とどのような点で違っているのでしょうか。

(8) If John <u>takes</u> a taxi, he <u>will</u> have a better chance of getting there in time.

この場合は「ジョンはタクシーには乗らないだろう」という否定的な気持ちはありません。学習参考書では(8)のような文を「条件文」と呼んで、(7)の「仮定法」と区別していますが、(7)も(8)も If という表現を使っている点では同じです。**英語のネイティブスピーカーの感覚としては「仮定法」、「条件文」という区別ではなく、「出来事が起こる可能性が低いのかどうか」ということだけなのです。**

〈もう少し付け加えると〉

過去形が「遠い」というイメージをもつことに関してもう少し付け加えると、法助動詞の過去形も同じです（「法助動詞」は第4章で扱います）。次の(9a,b)では、(9b)の方が可能性が低いことを表します。

(9) a. John may come.（ジョンは来るかもしれない）
   b. John might come.
      （ひょっとしたらジョンは来るかもしれない）

また、もし、あなたが誰かにジョンに申し出を受けてくれるよう頼んで欲しいと依頼した状況で、その人が(10)のように言っ

たとすると、それはジョンは申し出を受け入れないだろうと思っているということです。

(10) John wouldn't accept the offer.
　　（[僕が言ったところで]ジョンはその申し出を受けないだろうよ）

　英語のネイティブスピーカーの感覚としては、**「条件文」**と **「仮定法」という区別というよりはむしろ、動詞の現在形を使うのか、過去形を使うのかで、可能性の違いを表現する**ということだけなのです。

　if 節を使う場合の基本的な区別は、次の (11a) の own のような**状態動詞の現在形**は**「現在の事実の確認」**を表し、(11b) の leave のような**動作動詞の現在形**は**「未来のことについて、一定の条件が整えば、生じる出来事」**を表します。それに対して、(11c) の knew のような**状態動詞の過去形は現在の事実ではないこと**を表し、(11d) の offer のような**動作動詞の過去形**の場合には、**未来の出来事が起こる可能性が低いこと**を表します。

(11) a. If you <u>own</u> a house in Hollywood, you <u>are</u> very lucky.
　　　（ハリウッドに家があるのなら、あなたは運がいいですよ）
　b. If we <u>leave</u> now, we <u>will catch</u> the 11:30 train.
　　　（今出発すれば、11 時 30 分の電車に間に合うでしょう）
　c. If I <u>knew</u> the facts, I <u>could tell</u> you about them.
　　　（私がその事実を知っていれば、それについて話せるのに）
　d. If they <u>offered</u> that job to John, he <u>would accept</u> it.
　　　（もし彼等がジョンにその仕事を提供したら、彼はそれを引

き受けるでしょう）

3. 仮定法現在の感覚

　英語の文法には仮定法現在という項目があります。この場合、(12) のように、主節の動詞が過去形でも、that 節の中の動詞は「原形」になります。

(12) I recommended that Mary see a doctor.
　　（私はメアリーに医者に診てもらうように勧めた）

　では、なぜ that 節の中の動詞が原形になるのでしょうか。そこで、動詞の原形を使う表現が他にないかを考えてみると、「命令文」がそうだということに気づきます。実は、that 節の動詞が原形なのは、命令文と関係があるのです。
　そこで、どのような場合に「命令文」を使うのかを考えてみると、(13a-d) の例から、「命令」するときだけに使うのではなく、人にある行為・行動をするように命令したり、提供・提案・指示したり、あるいは誘ったりするときに使うということが分かります。

(13) a. Try one of these chocolates.
　　　（このチョコレートを 1 つ食べてみてください）
　　b. Come in.（入ってください）
　　c. Take two tablets with a glass of water.
　　　（コップ 1 杯の水で 2 錠飲んでください）
　　d. Have fun.（楽しんでくださいね）

　このことを念頭に置いておき、仮定法現在を理解するために更にヒントになるのは、英語のネイティブスピーカーは誰かに (14) のように聞いて、その人が何を言われたのか分からなかったときに、(15) のように、I'm asking を言い加えることがよくあるということです。

(14) Where is the post office?（郵便局はどこですか）
(15) I'm asking you where the post office is.

この I'm asking という部分は、「私はあなたに質問をしています」という意図を明確に伝えるために付け加えた表現です。実は、仮定法現在の例として挙げた (12) の I recommended という部分もこれと同じなのです。

　まとめると、命令文は人にある行為・行動をするように命令したり、提供・提案・指示したり、あるいは誘ったりするときに使いますが、どの意味として理解して欲しいのかを明確にするためには、その部分を言葉で補う必要があり、それが仮定法現在の I recommended などの主節の部分なのです。

　仮定法現在が使われる代表的な動詞は **「提案・要求」を表す動詞**で、例を挙げると以下のようなものがあります。

〈仮定法現在が使われる代表的な動詞〉
insist（要求する）, suggest（提案する）, recommend（勧める）, propose（提案する）, advise（助言する）, demand（要求する）, request（頼む）, require（要求する）, ask（頼む）, order（命じる）, command（命じる）など

この仮定法現在の使い方は、その後の歴史の中で should を付けて以下のように言う言い方も発達しました。

(i) I recommended that Mary should see a doctor.

（私はメアリーに医者に診てもらうように勧めた）

この用法では、仮定法現在に使われる代表的な動詞が「提案・要求」を表す動詞であることから、その意味を明確にするために should が付加されたのです。

これは God bless you!（あなたに神の恩寵がありますように）という仮定法現在が祈願を表していたことから、意味を明確にするために may を付けて May God bless you! という表現ができたのと同じです。

4. 現在完了の意味

英語の現在完了は「主語＋ have ＋過去分詞～」という形をしていますが、ここで注目したいのは「have の現在形」と「動詞の過去分詞」を組み合わせた表現だということです。

現在完了の使い方には「完了・結果」、「継続」、「経験」があることはよく知られています。

(16) a. He has just left for New York（完了・結果）

（彼はたった今ニューヨークへ向けて出たところだ）

b. I have lived in Niseko for three years.（継続）

（私はニセコに３年間住んでいる）

c. I have visited Boston before.（経験）

（私は以前にボストンを訪れたことがある）

〈ここで問題です〉

　では英語のネイティブスピーカーが出来事や状況を現在完了で表現するさいに、この用法をどれくらい意識しているでしょうか。この答えは、私達が、(17)のように、日本語の「た」を使うさいにその用法をどれくらい意識しているかを考えてみると分かると思います。

(17) a. 宿題がやっと終わっ<u>た</u>。（完了の「た」）

　　 b. 昨年、アメリカを旅しまし<u>た</u>。（過去の「た」）

　　 c. あ、バスが来<u>た</u>。（発見の「た」）

　　 d. あ、あっ<u>た</u>。（発見の「た」）

　　 e. 明日は会議だっ<u>た</u>。（想起の「た」）

私達は「た」を使用するときに、〈完了の「た」〉、〈発見の「た」〉、〈想起の「た」〉、〈過去の「た」〉という用法を意識してはいません。「た」は「た」でしかないのです。

　このことから、むしろ重要なことは、英語のネイティブスピーカーがどのような場合に現在完了を使うのかということです。

〈現在完了の本質〉

　現在完了は<u>「動詞によって表された出来事が何らかの形で「今」存在する」</u>ということを表すための表現です。ですから、**視点はあくまで「今」**にあります。

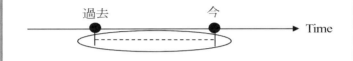

(A) 過去から今までの時間の幅の中で何かがあることを表し、それが現在に至っている場合。

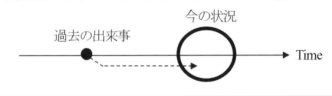

(B) 過去の出来事を現在の状況に関係付けて話す場合。

では、はじめに(A)の例から見てみましょう。次の英文では**ここ数十年という時間の幅の中での交通状況の変化**を述べています。

(18) Over the past few decades, / there has been a steady increase in the number of cars /, resulting in more traffic jams in large cities. //

（ここ数十年で / 確実に車の数が増加し / 大きな都市ではより交通渋滞を引き起こす結果となった。// ）

次に(B)の例を見ておきます。

(19) a. Please excuse my dirty clothes. I've been working in the garden.

（汚い恰好ですみません。庭仕事をしていたものですから）

b. John has had a bad car crash.

（ジョンはひどい自動車事故にあった）

(19a) では話者は**現在の状況の理由を説明するために過去の出来事に言及**しています。つまり、庭仕事はすでに終わっていますが、今の汚い恰好と関係付けて話しているので、現在完了を使って表現しているのです。また、(19b) では「ジョンがひどい自動車事故にあった」ことだけを伝えているのではありません。むしろ、ここで暗に示されているのは「ジョンが今ひどい怪我をしている、あるいは入院している」という現在の状況です。

　どちらにも共通していることは**「現在完了で表された出来事は何らかの点で現在の状況に関係がある」**ということです。

〈ここでもう少し踏み込んでみましょう〉

　現在完了は「have の現在形＋過去分詞」で表現します。この形を見ても分かるように、(21) の現在完了は (20) のような一般動詞の have と感覚が似ているのです。

(20) We have much snow in winter.

　（冬には私達の住んでいる地域はたくさん雪をもつ）

(21) I have visited Boston before.

　（私の経験の中にボストンを訪問したという出来事をもっている）

　つまり、話し手が I have と言った瞬間に、聞き手は have が現在形なので、「今の話題と関係のあること」として、これから話し手が話す内容を理解します。ですから、(21) は、「今」、アメリ

カのボストンのことが話題になっているので、次の図2のように、以前にボストンに行ったことを思い出し、それを<u>今の話題に関連づけて</u>「現在完了」で表現しているのです。

図2

　さらに言えば、たとえば、友達が家に来て、映画に行こうと誘っているとしましょう。ちょうど宿題を終えたあなたが(22)のように言ったとすると、それは友達に宿題が終わったということを言いたいわけではなく、むしろ、宿題が終わったので、一緒に映画に行けるよ、という意志表示です。

(22) I've just finished my homework.
　（ちょうど宿題が終わったところだ）

この表現は用法としては「完了（結果）」ということにはなりますが、友達の誘いに対して、映画に行けるという今の状況を伝えるために、その理由としてちょうど宿題が終わったことを言っているということです。

〈コラム〉

　現在完了の特徴は、出来事自体は過去でもそれが現在との繋がりで述べられているということから、「過去の特定の時」という認識が薄れるということです。ですから、すでに故人となっている人や明確な過去を示す表現があると、その時点に意識が向いてしまいますから、現在完了は使われません。

(i) a. *Queen Victoria has visited Brighton.
　　b. *John has visited the park two days ago.

〈ここで注意！〉

　英語の学習参考書では、have gone to と have been to の違いについて、以下のような例を挙げて説明しています。

(23) Taro has gone to Los Angeles.（完了・結果）
　　（太郎はロサンゼルスに行った［今はここにいない]）
(24) Taro has <u>been</u> to Los Angeles.（経験）
　　（太郎はロサンゼルスに<u>行った</u>ことがある）

ここで興味深いのは、(24) では、**日本語では「行く」という表現が英語では 'be' で表現されている**ことです。**'be' は「いる」という存在を表す表現**です。

　実は、これは英語の特徴をよく表しているのです。そこで、次の会話を観察してみましょう。

(25) A: Help me!（助けて！）

　　B: I'll <u>be</u> right there.（すぐ<u>行く</u>）

日本語では、助けを求めている人のところへの移動を表現して「行く」となりますが、英語では、「あなたと一緒にいる」という**移動の結果としての状態を表現**するのです。

〈英語の感覚に慣れましょう〉

　この移動の結果としての状態に視点を置く発想が、英語では一般的であることは、次の例からも見て取れます。

(26) A : Dinner is ready.（夕食できたよ）

　　B : I'm coming.（今行く）

この例で日本語の「行く」が come で表現されるのは、下の図を外からみて、相手の視点から自分の移動を見ると come となるからです（第 2 章 6 節「go と come の意味の違い」も参照）。

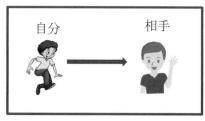

図 3

　この違いが重要であることは、ホームステイ先で 'Dinner is ready.' と言われて、「今行きます」のつもりで 'I'm going.' と言っ

て食卓に行ったら食事が全部下げられていた、というエピソードが「ホームステイハンドブック」でよく紹介されていることからも分かります。'I'm going.' では「外出します」という意味になってしまいます。

　次の例も同じ感覚です。

(27) I'll come to your place at about six and pick you up.
　　（6 時頃君のところに行って、拾ってあげる）

また、このような発想から、**英語では結果に重点が置かれる傾向がある**ことも説明がつきます。次の例を観察してみてください。

(28) a.　お父さんを起こしたけど起きなかった。

　　 b. *I woke my father, but he didn't wake up.

日本語では行為に重点がありますので、「起こす」という行為がなされていれば、結果として起きていなくても問題はありませんが、英語の woke は相手が起きたという結果までを意味に含んでいますので、(28b) のように「起こしたけど起きなかった」とは言えません。そのため、対応している日本語に合わせた表現をする場合には、次の (29) のような表現になります。

(29) I tried to wake my father, but he didn't wake up.
　　（お父さんを起こそうとしたけど起きなかった）

　英語の現在完了は「主語＋ have ＋過去分詞～」という形式であることはよく知られていますが、実は、次のように、be+ 過去分詞で表現されることがあります。これは古い英語の名残です。昔の英語では他動詞の場合は have+ 過去分詞、自動詞の場合は be+ 過去分詞という 2 つの現在完了がありました。それが 15 世紀後半に have+ 過去分詞に統一されていったのです。この be+ 過去分詞で表現される現在完了は go や come のような自動詞の古風な表現として残っています。

(i) The rain is gone.（雨が上がった）

(ii) Spring is come.（春が来た）

5. 進行形の意味

　進行形の基本的な意味は、次の図 4 のように**「終わりをイメージできる行為」**の途中を見ているような時に使われる表現です。

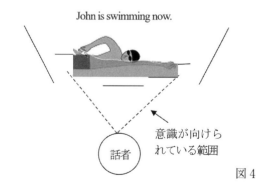

図 4

これをもう少し一般的に示すと、以下の図5のようになります。

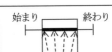

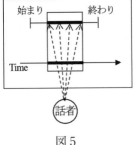

図5

　英語のネイティブスピーカーは言いたいことがこのイメージと一致していれば、進行形で表現します。そこで、図5のイメージから分かることを挙げてみると以下のようになります。

〈進行形のイメージから見えてくること〉
・進行形にできる動詞は「終わり」がイメージできる
・動作（行為）の途中に意識がある
・動作（行為）が「終わり」に向かって進行中
・動作（行為）が完結していない

　そこで、図5のイメージから見えてくる英語の進行形の感覚をもとに、具体的な例を見ていきましょう。まず、次の (30a,b) が不自然なのは、「**似ている (resemble)**」や「**知っている (know)**」には「**終わり**」がイメージできないからです。

(30) a. *John is resembling his father.（彼は父さん似だ）

b. * I am knowing her favorite food.

　（僕は彼女の好物を知っている）

　以下、用例に従って進行形の使い方をまとめてみます。

（用例１）：行為をしている状態を表す

(31) John is reading a book.

　（ジョンは本を読んでいる）

この進行形の使い方は基本的なものですが、ここで重要なことは read は終わりをイメージできる動詞で、行為の途中を見ている感覚の表現だということです。

（用例２）：一時的な状況を表す

　(32) に対して (33) は「一時的」な状態（状況）を表します。

(32) Alan lives in San Diego.

　（アランはサンディエゴに住んでいる）

(33) Alan is living in San Diego now.

　（アランは今サンディエゴに住んでいる）

　これは先に述べたように、進行形のイメージから、次の図のように、**動作（行為）が終わりに向かって進行中**という意味をもつからです。

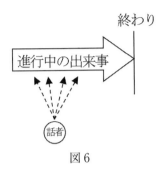

図 6

（用例３）：確定している予定を表す

　進行形が確定している予定を表す場合もあります。

(34) I'm meeting Bill this afternoon.

　　（今日の午後ビルに会う予定だ）

この使い方は、The car is stopping.（車が止まりかけている）ということと関係があります。stop（止まる）は動いている状態から静止した状態になる、ということですから、「進行形のイメージ」の最終地点の手前を進行形が表しているということです。(34) のように予定を表せるのは、目的である meet〈会う〉に向かって**準備が進行中**ということです。

〈コラム〉
　「今日の午後 Bill に会う」ということを英語で表現する場合、以下のような言い方もできます。

(i) I meet Bill this afternoon.

この場合には**主語の意志ではなく、スケジュールでそうなっている**ということを表します。また、この「予定」を表す表現には will や be going to もありますが、このことについては第4章2節「法助動詞・疑似法助動詞の正体」で説明します。

（用例４）：「イキイキ感」「臨場感」を表す。

　進行形が臨場感を表す場合に用いられることがあります。たとえば、待ち合わせに40分遅れて来たボーイフレンドに「40分待ったこと」を伝える場合には、(35) よりも (36) の方が効果的です。

(35) I have waited for 40 minutes.
(36) I have been waiting for 40 minutes.
　　（40分も待ったよ）

進行形で言った方が「イライラ感」を相手に伝えることができます。このような臨場感も、先の「進行形のイメージ」から説明することができます。つまり、進行形は出来事の内面に意識を向けた表現ですから、内面、つまり、待っていた時の心の状況を聞き手に臨場感をもって伝える効果をもつということができます。

（用例５）：丁寧な表現として使う

　進行形が丁寧な表現となるのは動詞の性質が関わっています。

(37) I'm hoping that you will give me some advice on this matter.
（この件に関してアドバイスを頂ければ有難いのですが）

hope, think, wonder など気持ちを表す動詞の場合にこのような意味を表すことができるのですが、これは進行形が一時的な状態を表すことから説明できます。つまり、**「ちょっと考えている」ということで、このことが聞き手に対する押し付けがましさを避けることができ、それだけ丁寧な感じになるのです。この場合、I was hoping と過去形にすると、さらに丁寧な感じが強まります**（p.70 の「儀礼的過去」を参照）。

〈知覚動詞の進行形〉

　次に知覚動詞の進行形について考えてみます。**see は進行形にできませんが、watch, look at は進行形にできます。**hear は進行形にできませんが、listen は進行形にできます。この違いを解くカギは、先に（31）で説明したように、<u>進行形が「始まり」と「終わり」のある出来事の途中に意識を向けているときに使う表現だ</u>ということです。そうすると、see は「何かが視界に入っている（見える）」、hear は「何かが聞こえてくる」というように、出来事の途中に意識を向けるということができ難いので、進行形にできないのです。それに対して watch は「動いているものを注意して見る」、look は「何かに注目する」ということですので、その最中に意識を向けることができます。また、listen も「何かに耳を傾ける」という意味ですから、その最中に意識を向けることができます。ですから進行形で表現できるのです。

　ただし、see も次のような場合には進行形が可能になります。

(38) I'm seeing it more clearly.（だんだんよく見えてきた）
(39) I have been hearing a strange noise.（変な音がしている）

これは、(38) の「だんだん見えてくる」という表現から「完全に見えた」という時点を「終わり」と感じるからです。また、(39)では「一時的」な状況を表現しているので、この場合にも「終わり」を感じます。ですから、進行形にできるのです。このことは、先の (32), (33) で見たように、次の2つの文を比較しても分かります。

(40) John lives in Boston.（ジョンはボストンに住んでいる）
(41) John is living in Boston now.
　（ジョンは今ボストンに住んでいる）

(40) の文には「終わり」を感じませんが、(41) は、ジョンが仕事か何かで一時的にボストンに滞在しているという意味ですので、「終わり」がイメージできます。

〈コラム〉
　see は進行形にすることで、以下のように「付き合っている」という意味でも使われます。
(i) I have been seeing her for three years.
　（彼女と3年付き合っている）
これは「～に会う」という意味を進行形にすることで、「会

う」という行為の最中に意識を向けることになりますので、「彼女と会っている」から「付き合っている」という意味になるのです。

6. 時制の一致と不一致の感覚

「動詞の現在形」は「近い」というイメージ、「動詞の過去形」は「遠い」というイメージをもちます。このことから「時制の一致」という現象をより自然に理解することができます。英語には、(42a) のように、**主節の動詞が過去形の場合には、目的語の that 節動詞も過去形になる**という**時制の一致**という現象があり、これが英語の基本です。しかし、実際には、(42b) のように時制の一致が起こっていない表現もあります。

(42) a. John <u>said</u> that Mary <u>was</u> depressed.

　　b. John <u>said</u> that Mary <u>is</u> depressed.

　　（ジョンはメアリーが落ち込んでいると言った）

(42a) と (42b) の違いは、話者の意識がどこに向けられているかということです。(42a) は、「ジョンが言った」ということに意識が向けられている場合の表現で、それは当然過去のことで、その時点で「メアリーが落ち込んでいる」という状況があったということなので、Mary was depressed となります。これを図で示すと以下のようになります。

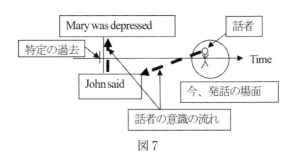

図7

　つまり、(42a) では話者は「ジョンの視点」から「メアリーが
落ち込んでいる」という状況を捉えているということです。

　それに対して (42b) の表現の場合は、話者は自分の視点で「メ
アリーが落ち込んでいる」という状況に意識を向けています。つ
まり、**話者は今もメアリーが落ち込んでいる**と考えています。こ
のような場合、話者は「自分の視点」で「メアリーが落ち込んで
いる」ということを捉えているので、それが意識の前面にあるこ
とで「近い」という認識となり「現在形」で表現されるのです。

　**では、なぜ that 節の内容に意識が向けられるのでしょうか？
ここで大切なのが、that 節で述べられていることが発話の時点で
もそうだ（つまり、成り立っている）という話者の意識**です。(43b)
で「時制の一致」になっていないのはこの理由によります。

　このように話者の意識がどこに向けられているのかで「時制の
一致・不一致」が決まるということが分かれば、次の違いも自然
に理解できます。

**(43) a. We <u>learned</u> in school that water <u>was</u> a combination of
　　　hydrogen and oxygen.**

（学校で学んだことに関する記述）

b. We <u>learned</u> in school that water <u>is</u> a combination of hydrogen and oxygen.

（水が水素と酸素の結合体であることを学校で学んだ）

（水に関する記述）

　「水が水素と酸素からできている」ことは「不変の事実」ですから、「時制の一致」を受けないと一般的には説明されますが、これは必ずしもそうではありません。**「過去に学校で何を学んだか」ということに意識が向けられている場合**には、それは**「特定の過去の出来事」**ですから、**「水は水素と酸素からできている」と学んだ事柄は過去として表現されます。**それに対して**「水が水素と酸素からできている」ということに意識を向け、それが発話の時に「意識の前面」にあれば「現在形」**となるのです。

7. 副詞節の中の動詞の時制

　次のような時や条件を表す副詞節の中では「未来のこと」でもwill を使わず、<u>現在形</u>で表現します。

(44) a. I will call you when Mary comes back home.

　　　（メアリーが家に戻ったら電話します）

　　b. I will finish it before you come.

　　　（君が来る前にそれをやってしまうよ）

　　c. I will telephone you after I arrive.（着いたら電話します）

　　d. If it rains tomorrow, I will stay at home.

　　　（明日雨なら家にいるよ）

e. I'm going to work in the garden unless it rains.
（もし雨が降らなければ庭仕事をするつもりだ）

副詞節というのは、出来事について、それが起こった「時」や「場所」、また、どうして起こったのかという「理由」などを表す表現です。こうしたことは、図8のように、<u>出来事を支える土台</u>のようなものです。

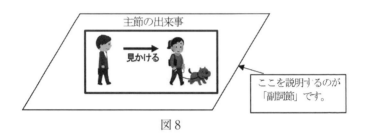

図8

(45) I saw a girl with a dog <u>when I was walking for the 8:30 bus</u>.
（出来事が起こる土台）

（8時30分のバスを待っていたときに犬を連れた女の子を見かけた）

　そこで、時・条件の副詞節が「未来の出来事」を表しているのに「動詞が現在形」になっているのはなぜかというと、それは時・条件の副詞節は、主節の出来事が起こるための前提、あるいは条件付けですので、**このような副詞節には、will が表す話し手の「推量」が関わっていないので** will が付かないということなのです。副詞節で表現されている**土台に will を付けて、その出来事が起**

こるだろうかと推量してしまうと、その土台がゆらいでしまい、主節の出来事の存在もあやうくなってしまうのです。

〈コラム〉

　ただし、**if 節の中に will が使える場合もあります**。それは次のように**主語の「意志」を表す**場合です。

(i) If you will wait here a moment, I'll go and get a chair.

　（今、少しお待ち頂けるのなら、イスをもってきます）

　この例文に will が使われているのは、if 節が単に条件を表すのではなく、「意志」を表す will を使うことで、**発話時の「今」の「あなた (you)」の意向を尋ねています**ので、その分、あなたに配慮した言い方になります。

第4章

法助動詞の働き

1. 法助動詞の真実

will, may, can, must などは出来事に対する話者の心的態度（気持ち）を表すことから法助動詞と呼ばれます。この点で、疑問・否定に用いられる do, 完了形に用いられる have, 進行形や受動態に用いられる be は話者の気持ちを表すものではないため、法助動詞ではなく助動詞ですので、注意しましょう。法助動詞の後は動詞の原形（原形不定詞）になるということはよく知られています。これはなぜでしょう。

〈考えるヒント〉

法助動詞は昔は動詞でした。will（昔のつづりは willan）は「〜を望む」、may（昔のつづりは magan）は「〜する力がある」、can（昔のつづりは cunnan）は「〜を知っている」という意味でした。そして、(1) のように、こうした動詞は目的語に原形不定詞をとっていました。

(1) he wolde adrǽfan anne ǽþeling（彼は王子を追放したかった）
　　(he wanted　expel　　a　　prince)
　　　　動詞　　原形不定詞

その後、1100 年以降になって、原形不定詞の内容の方が重要な要素と感じられるようになり、willan（現在のつづりは will）などの動詞が法助動詞として使われるようになったのですが、原形不定詞を使うのはそのままとなったので、「法助動詞＋原形不定詞」という形式となったのです。

〈**must について**〉

　法助動詞の中で must は特殊な感じがします。それは過去形がないので、過去の出来事は had to を使うからです。実は、must は過去形なのです。古い英語では motan という動詞で、「〜せざるを得ない」という意味でした。その過去形が moste で、それが変化して must になったのです。

〈**コラム**〉

　動詞の目的語に原形不定詞をとるというのは奇妙に感じられるかもしれません。一般的には I want to buy a car. のように to 不定詞になるからです。

　次の例を見てみましょう。

(i) His proposal helped (to) solve the problem.
　（彼の提案が問題を解決するのに役立った）

このように、help の目的語が原形不定詞になることもあります。

〈**法助動詞の表現効果**〉

　法助動詞はもともとは動詞で、それが根源的用法として使われるようになり、その後、認識的用法にも使われるようになりました。そのためそれぞれの法助動詞には 2 つの意味があります。

・根源的用法：もともとの動詞の意味が弱まったもので、「意志」、
　　　　　　　「許可」、「能力」、「義務」を表す

　(a) will　：〜するつもりだ（意志）

　(b) may　：〜してもよい（許可）

　(c) can　：〜できる（能力）（許可）

　(d) must：〜しなければならない（義務・命令）

・認識的用法：出来事に対する確信の度合いを表す

　(a) will　：〜だろう

　(b) may　：〜かもしれない

　(c) can　：〜でありうる

　(d) must：〜に違いない

　以下では、それぞれの使い方を説明します。歴史的には、根源
的用法、その後認識的用法に使われるようになったのですが、こ
こでは認識的用法から説明します。

> **A: 認識的用法**：出来事に対する確信の度合いを表します。

(2) a. Mr. Brown <u>has worked</u> at night.
　　　（ブラウンさんは夜勤をしている）

　**b. I often see Mr. Brown coming home in the early morning.
　　　He <u>must (may, might) work</u> at night.**
　　　（ブラウンさんが明け方に帰宅するところをよく見かける。

　　　彼は夜勤をしているに違いない［かもしれない］。）

(2a) は現実の出来事を事実として述べていますが、(2b) では最初
の文で述べられている事実から推察して「彼が夜勤をしているに
違いない（かもしれない、ひょっとしてしているかもしれない）」
という**出来事の事実性に対する話者の確信の度合い**を表していま
す。
　この確信の度合いは次のようなスケールで表すことができます
が、**will が must や should よりも上位に位置づけられているこ
とに注意して下さい。**

〈確信の度合い〉

強い

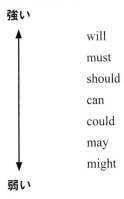

　　　　　　　　will

　　　　　　　　must

　　　　　　　　should

　　　　　　　　can

　　　　　　　　could

　　　　　　　　may

　　　　　　　　might

弱い

以下に具体例を挙げてみます。

〈will の使い方〉
　will は、予め情報があって、出来事が起こることが分かってい

る場合に使います。次の例では、ジョンが来ることが分かっている状況ですので、will が使われています。（この will は従来「単純未来」を表す will に分類されてきましたが、「未来」の意味はありません。）

(3) "There's the doorbell." "That will be John, I expect."
（「玄関のチャイムが鳴ったよ」「きっとジョンだよ」）

〈must の使い方〉

must は推測する根拠がある場合に使います。以下の例では、クリステンの顔色が悪い、ということが根拠になっています。

(4) Kristen looks very pale. She must be sick.
（クリステンはとても顔色が悪い。病気に違いない）

〈should の使い方〉

should は客観的なデータに基づいて、それを基準にした判断を表す場合に使います。以下の例では、地図が客観的な情報を与えています。

(5) According to this map, this should be the way.
（この地図によると、この進路でいいはずだ）

〈can と may の使い方の違い〉

can と may が確信の度合いを表す用法の場合は、can は客観的な判断を表し、may は主観的な判断を表します。この用法では、

can は否定文や疑問文で用い、may は肯定文で用いる傾向がありますが、これは、**否定や疑問というのは、何らかの客観的な根拠があって、その出来事を否定したり、あるいは疑問に思うのが普通だから**です。それに対して、**may は話者の主観的な判断を表しているわけですから、自分が思っていることを否定したり、それに疑問を発すると自己矛盾になってしまいますので、肯定文で使われる**ということになるのです。

　以下に例を挙げておきます。

(6) a. **Can the news be true?**

　　　（その知らせははたして本当だろうか）

　b. **She can't be working at this time.**

　　　（彼女はこんな時間に働いているはずがない）

　c. **John may be still in the office.**

　　　（ジョンはまだ会社にいるかもしれない）

　d.***May John be still in the office?**

B: 根源的用法：出来事の実現に向けて「義務を課す」、「許可を与える」などの場合に使います。

　根源的用法は疑似法助動詞を含めて考えることで、ネイティブスピーカーの感覚がよりよく見えてきます。義務は must と have to, 許可は may と can、忠告・助言は should と ought to でそれぞれ表すことができますが、それぞれは次の表に示されるように大きく2つのタイプに区別することができます。

この法助動詞の使い分けで大切なことは、その「義務」や「許可」が誰が（またはどこから）発しているのかということです。

	話者の主観的な判断	状況や規則などの外的要因
許可	**may**	**can**
義務	**must**	**have to**
当然	**should**	**ought to**

〈ポイント〉

・話者が個人的な判断で言うときには must, may, should を使う。
・規則や状況から客観的に判断して言うときには have to, can, ought to を使う。

〈注意！〉

must と have to に関しては、客観的な状況を表している場合でも must が使われていることもあります。これは「規則や状況でそうしなければならない」ということを考慮して、話者が積極的に自分の判断を加えているからです。

〈主観的な判断と客観的な判断のイメージの違い〉

「主観的な判断」と「客観的な判断」の違いをイメージで示すと次のようになります。

Ａ：話者の主観的な判断

図1

Ｂ. 状況や規則などの外的要因による客観的判断

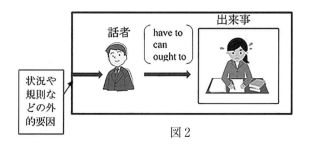

図2

　この図をイメージしながら、以下の英文でそれぞれの法助動詞の使い方に慣れましょう。

Ⅰ.「～してもよい、～できる」という許可を表す表現

(7) a. You may leave the office when you finish your job.
　　（自分の仕事が終わったら退社してもいい）

　b. Visitors can park their cars in front of the building.
　　（来場者は建物の前に車を駐車することができる）

Ⅱ.「～しなければならない」という義務を表す表現

(8) a. You must come by five o'clock.

（5時までに来てください）

b. You have to finish the paper today.

（あなたは今日レポートを書き上げなければならない）

Ⅲ.「～すべきだ」という意味を表す表現

(9) a. You should lock the door before you go out.

（外出する前にドアにカギをかけてね）

b. You ought to contact the security desk before you leave the office.

（退社する際には守衛室に連絡してください）

〈コラム〉

　法助動詞は出来事に対する話し手の気持ちを表します。この気持ちは、話しをしている「今」の気持ちです。そして、出来事は動詞の原形で表現されますので、John may have a fever.（ジョンは熱があるかもしれない）のように**状態動詞の場合には同時**で、Mary may come late for school（メアリーは学校に遅刻するかもしれない）のように**動作動詞の場合には未完了**となります。では、**すでに起こった出来事に対して、今の気持ち**を法助動詞で表現するときにはどうするのか。これが、「**法助動詞＋ have ＋過去分詞**」という形です。

(i) John might have known the answer.

（ひょっとしてジョンは答えを知っていたかもしれない）

106

ここで might となっているのは、先に話者の〈確信のスケール〉を示しましたが、may よりも確信の度合いが低いということです。**日本語では may は「〜かもしれない」に対して、might は「ひょっとして〜かもしれない」という意味になります。**

2. 法助動詞・疑似法助動詞の正体

　ここでは法助動詞と疑似法助動詞を再び取り上げ、それぞれの正体を明らかにすることでネイティブスピーカーの感覚に迫ります。

〈will と be going to の使い方の違い〉

　これから何かをしようとするときに will を使ったり be going to を使ったりしますが、それぞれの表現を使う感覚はかなり違っています。

　根源的用法の will は「意志」を表すときに使います。たとえば、次のような会話で will を使って表現すると、それは<u>A が言ったことに対する反応としての「意志」</u>ということです。（この will は従来「意志未来」を表す will に分類されてきましたが「未来」の意味はありません。）

(10) A: Please give Bill some advice on this matter.

　　　（この件でビルに何かアドバイスしてくれませんか）

　B: I will meet Bill tomorrow.

　　　（明日、ビルに会ってみます）

このとき、B は (11) のように言うこともあるかもしれません。

(11) I'm going to meet Bill tomorrow.

この言い方は A が頼んだことに対して、そう思ったということではありません。<u>A に頼まれる前にすでに計画を立てていた</u>ということです。つまり、計画が進行中ということです。

〈コラム〉

　実は、この be going to という表現は、進行形がもとになっています。古い英語では、be going の部分は進行形で、その後に「〜するために」という副詞用法を to 不定詞がついて、「〜するために行くところです」という意味で使っていました。それが 15 世紀頃から be going to が 1 つの意味のかたまりのように使われるようになって「予定」を表す表現として使われるようになったのです。このように「予定」の意味で使えるようになったのは、もともとの進行形が具体的な動作が進行中という意味ですから、be going to でも計画を立てるなど「準備が進行中」という意味が根底にあるからです。

---

　(11) の文は人が主語になっていますが、やがてモノを主語にして be going to が使われるようになりました。それが (12)、(13) の例です。この場合には「予定」を表しているというわけではなく、

「～しそうだ」という意味です。

(12) The tree is going to fall.（木が倒れそうだ）
(13) It is going to rain.（雨が降りそうだ）

このように「～しそうだ」という意味で be going to を使うことができるのは、そうなる何らかの兆候がある場合です。たとえば、(12) では木が強風でぐらぐらしていたり、(13) では曇り空が暗くなってきた、というような場合です。ですから、この場合にも「**木が倒れる**」、「**雨が降る**」という状況に向かって**進行中**という意味が根底にあるのです。

〈義務を表す must と have to の使い方の違い〉
　「～しなければならない」という英語の表現に must と have to がありますが、使い方が違っています。これは許可を表す may と can の違いと同じで、主観的・個人的に判断しているのか、規則や状況から客観的に判断しているのかの違いです。

> must　：話者の個人的・主観的な判断による義務・命令
> have to：話者が状況を判断して与える義務・命令

　たとえば、お父さんがあなたに「午後 7 時までに帰ってきなさい」というときに must を使うと、それはお父さんの主観的な判断ということです。

(14) You must come back by 7:00 p.m.

しかし、同じ内容のことを次の (15) のように言うと、たとえば、（　　）に示したように、おじさんの太郎が 8 時に来るという、7 時までに帰宅しなければならない客観的な状況があるということを意味します。

(15) You have to come back by 7:00 p.m. (Uncle Taro is visiting us at 8:00 p.m.)
　（午後 7 時までに帰ってきなさい。［太郎おじさんが午後 8 時に来ることになっている］）

　しかし、否定になると must not と don't have to では意味が全く異なってきます。must not は「〜してはいけない」という禁止の意味ですが、don't have to は「〜する必要はない」という意味です。

(16) You must not speak like that to your father.
　（お父さんにあんな口をきいてはいけません）
(17) You don't have to write the paper today.
　（今日レポートを書く必要はない）

〈コラム〉
　must の義務・命令を否定すると「禁止」の意味になるのは理解しやすいですが、have to を否定すると「〜する必要はない」という意味になるのはなぜでしょうか。これは have to の歴史をみると分かります。have to は昔は (i) のよ

うに have と to 不定詞が離れていました。

(i) You have the paper to write.

　（あなたは書かなければならないレポートをもっている）

　それが、やがて to 不定詞が have の後ろに置かれるようになることで、(ii) の形になり、have to で 1 つの意味の単位となりました。

(ii) You have to write the paper.

そして、「書かなければならないレポートをもっている」というのがもともとの意味ですから、そこから「レポートを書かなければならない」という意味で使われるようになったのです。

　そこで、この文を否定にして、(iii) のようにすると意味はどうなるでしょうか。

(iii) You don't have to write the paper.

これは、もともとは「書かなければならないレポートをもっている」という意味ですから、否定にすると、「書かなければならないレポートがない」ということになります。そのため、「レポートを書かなくてもよい」「書く必要がない」という意味で使われるようになったのです。

〈can と be able to の使い方の違い〉

　can と be able to は「～することができる」と日本語にしてしまうと同じ意味に感じますが、英語のネイティブスピーカーの感覚には全く別の表現です。

can は法助動詞ですから、出来事に対する「話者の気持ち」を表す表現です。それに対して able は現実の具体的な能力を言います。ですから、「運転免許試験に合格できた」ということを英語で表現する場合には be able to は使えますが、could を使うことはできません。

(18) Kenji was able to pass his driving test.
　（健二は運転免許試験に合格することができた）

　この able と can のそれぞれがどこにかかるのかを図にすると、次のようになります。

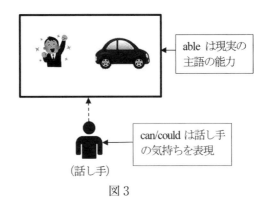

図 3

　ですから、もし「健二は運転免許試験に合格することができた」という日本語を英語で書こうとして could を使って (19) のように表現してしまうと、意味は全く異なってしまいます。

(19)　Kenji could pass his driving test.

この文は「健二はその気になれば運転免許試験に合格できるだろう」という話し手の今の気持ちを表した文となります。

〈would と used to の使い方の違い〉

　used to は過去の習慣を表わして「(以前は)よく…したものだ」、過去の状態を表わして「(かつては)…だった」という意味で使います。14 世紀頃までは use は現在の習慣を表わして「よく…する」、現在の状態を表わして「(現在は)…だ」という意味で使われていましたが、現在では、(20) のように、used to という過去形だけが使われるようになりました。used to の特徴は「現在との対比」です。**過去の習慣が現在はない**というように、過去と現在を対比するときに使います。

(20) a. I used to play tennis.（私は以前テニスをしていました）

　　 b. There used to be a movie theater here.

　　　（昔ここには映画館があった）

　　 c. I used to like apples.（私は以前りんごが好きでした）

　それに対して**習慣の would** は、意志を表す **will** からきています。そのため、**自分の意志でコントロールできるものでなければなりません**。ですから、(20) に対応させて would で表現しようとすると、(21a) は問題ありませんが、(21b) や (21c) のように表現することはできません。

(21) a.　I would play tennis when I was a high school student.
　　　（高校生のときにはテニスをしていました）

b. *There would be a movie theater.

c. *I would like apples.

これは、(21b) や (21c) で述べられている内容は**自分の意志では
コントロールできない**ことだからです。

〈コラム〉

　英語では法助動詞を複数使うことはできません。ですか
ら、「ジョンは今夜までにそれを終えることができるでしょ
う」という英語の表現は (i) のようになります。

(i) John will be able to finish that by tonight.

次の (ii) のように表現することはできません。

(ii) *John will can finish that by tonight.

これは、法助動詞は話者の気持ちを表すものですから、will
と can という 2 つの気持ちを同時に表現すると自己矛盾に
なるからです。(このことは、専門的には「心的態度の一貫
性」と言います。)

〈許可を表す may と can の使い方の違い〉

　「〜してもよい」という許可を表すときに may と can を使いま
すが、それぞれの使い方には注意が必要であることはすでに見ま
した。

> **may：話者の個人的・主観的な判断による許可**
> **can ： 話者が状況から判断して与える許可**

　ここで、may と can の感覚の違いについてもう少し付け加えておきます。

　たとえば、あなたが学校から帰ってきて、友達と遊びに行きたいという状況で、お母さんが「宿題が終わったらね」と言う場合には、お母さんの個人的な判断ですから、may を使うのが自然です。

(22) You may go out after you finish your homework.
　　　（宿題が終わったら出かけていいよ）

　ここで大切なことは、「あなたが外出したい」という意志があるということです。その上で、may による許可は、次の図のように、前にある障害を話し手の主観的な判断で取り除くというイメージです。

図 4

　それに対して、can を使う場合は 'be permitted to' や 'be allowed to' で言い換えできることからも分かりますが、「規則や

状況」から許可されているということを表します。

　たとえば、友人が車で遊びにきて、「ここに車を止めてもいいよ」という意味で (23) のように言えば、それは、「ここは専用の駐車スペースだから」という意味です。つまり、規則や状況から判断して言っているということになります。

(23) You can park the car here.（ここに車を駐車できます）

〈依頼を表す will と can〉

　日本語の「窓を開けてくれませんか」という意味を英語で表現する場合に Will you ~? というと、**相手の意志を尋ねることになりますから、「もしその気があれば〜してくれませんか」という意味**になりますが、通常は、相手がそうしてくれるという期待を込めた言い方になります。この場合、Would you ~? として will の過去形を使うと、相手との距離を表すことから、丁寧な言い方になります。

(24) Will you open the window?

　また、依頼を表すのに can を使うと、相手の能力を尋ねることになりますから、「もし〜する能力があれば、〜してくれませんか」という意味になります。

(25) Can you open the window?

この場合にも Could you ~? とすると丁寧な言い方になります。この場合、Can you...? の方が Will you...? よりも丁寧な言い方にな

ります。それは can は「意志はあるが、そうする能力がない」つま
り気持ちはあるができない、ということで相手が依頼を断りやすく
なるので、それだけ相手の気持ちを大切した表現だからです。

〈コラム〉
　「～してもいいですか」と相手に許可を求める場合には、
can と may を使いますが、may の方が丁寧な言い方になり
ます。
　次の母と息子の会話を観察してみて下さい。

(i) Jonny: Can I go out?（外へ行ってもいい）

　　Mother: Not can, may.（can じゃなく、may でしょう）

　　Jonny: O.K., may I go out?

　　　　　（分かった。外へ行ってもいいですか）

ここでは母親がしつけとして息子の言い方を直しています。
このように can よりも may が丁寧な表現として用いられる
のは、can は客観的で may は主観的であることからきてい
ます。つまり、「～してもいいですか」と相手の許可を求め
るときには、may は相手の主観的な判断を尋ねることにな
るので、それだけ丁寧になるのです。
　このことは、たとえば、レストランのウェイトレスが客
に次のように言うときには can を使うことはないことから
も分かります。

(ii) May (*Can) I be permitted to offer you a cup of coffee?

　　（コーヒーをお出ししてもよろしいでしょうか）

第 5 章

冠詞（a/the）と名詞的要素

1. 英語の可算名詞・不可算名詞の感覚を養いましょう

　英語話者がどのようなモノを数えられる、あるいは数えられないと思うのでしょうか。次の例を観察してみてください。

(1) a. furniture（家具）（不可算名詞）

　　b. chair（イス）, **table**（テーブル）, **lamp**（ランプ）, ...（可算名詞）

(2) a. money（お金）（不可算名詞）

　　b. coin（硬貨）, **bill**（紙幣）（可算名詞）

furniture は「不可算名詞」で、chair, table, lamp は「可算名詞」です。また、money は「不可算名詞」で coin, bill は「可算名詞」です。

> chair や coin などは一定の形がありますが、furniture や money はそれ自体としては一定の形がありませんので、英語話者は**「一定の形」がイメージできるモノを「可算名詞」、そうでないモノを「不可算名詞」**に区別していることが分かります。

　では次に、図1 (a,b) の2つのイラストを観察してみてください。

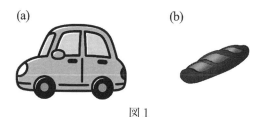

(a)　　　　　　　　　　　　　(b)

図1

日本語話者の認識：図 1 (a) は「車」で、図 1 (b) は「パン」
　　　　　　　　　です、というようにどちらもモノだと
　　　　　　　　　いうことでしかなく、それ以上の区別
　　　　　　　　　はしません。
英語話者の認識　：car は「可算名詞」で、bread は「不可
　　　　　　　　　算名詞」と区別します。

〈ここで実験〉

　次のイラストを見て、(a) は car と言えますか、(b) は bread と
言えますか。

(a)　　　　　　　　　　　(b)

図 2

　図 2(a) は tire で、car とは言えませんが、図 2(b) は bread と言
えます。

〈この実験から分かること〉

　「可算名詞」はその一部ではそれとは言えない名詞です。それ
に対して、**「不可算名詞」はその一部でもそれと言える名詞**です。
　この違いが分かると、(3a,b) のように、同じ語が「可算名詞」
として使われたり、「不可算名詞」として使われることも理解で
きます。

(3) a. Bring me an egg from the refrigerator.

（冷蔵庫からタマゴを持ってきて）

  b. You have some egg on your cheek.

（ほっぺたにタマゴがついてるよ）

(3a) の egg は、まるまる 1 個のタマゴで一定の形がイメージできますので「可算名詞」です。それに対して (3b) の egg は、タマゴ・サンドイッチを食べて、頬にそのタマゴのかけらがついている、ということですから、タマゴの一部ということです。従って、どの一部をとってもそれと言える、ということになりますから、「不可算名詞」ということになります。

〈可算・不可算は認識レベルにもある〉

  この「可算名詞」、「不可算名詞」の区別の仕方は物理的なモノばかりではなく、認識のレベルにも当てはまります。次の例を観察してみましょう。

(4) a. Mr. Sato has much experience in teaching.

（佐藤先生は教職の経験が豊富だ）

  b. It is a good experience to visit Boston to study American history.

（アメリカの歴史を学ぶためにボストンを訪問するのは良い経験だ）

(4a) の experience は**一般的な意味での「経験」**ということなので「不可算名詞」ですが、(4b) では、experience は「ボストンを訪問する」

という**具体的な内容**を指しています。このように個々の具体的な
内容を表している場合は「可算名詞」ということになります。

〈可算・不可算の特徴のまとめ〉

〈可算名詞の特徴〉
・一定の形をイメージできる
・その一部ではそれとは言えない
・具体的な物・事を指している
〈不可算名詞の特徴〉
・一定の形をイメージできない
・その一部でもそれと言える
・具体的な物・事を指していない

〈もう少し考えてみましょう〉

　不可算名詞についてもう少し考えてみると、information（情報），
traffic（交通），money（お金），mail（郵便物），fruit（果物）の
ような名詞は集合の名前（レッテル）ですから、**具体的に「これ」**
というように指しているものがあるわけではありません。ですか
ら、1つ、2つと数えるものとは認識されませんから a(n) が付か
ないのです。

〈可算名詞・不可算名詞のトレーニング〉

　日本語にない「可算名詞」、「不可算名詞」の感覚を身に付ける
第一歩は「一定の形のあるモノ」と「一定の形のないモノ」を繰

り返し知覚体験することです。

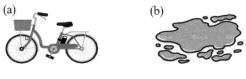

図3

　私達日本人にも、自転車は一定の形があり、水はそうではない
ことは分かります。しかし、それぞれを可算名詞と不可算名詞に
区別するという認識はありません。そのため、英語を習得するた
めには、「一定の形のあるモノ」と「一定の形の無いモノ」を繰
り返し知覚体験しながら、それを異なるモノとして意識的に区別
するトレーニングが必要なのです。

2. some と any の違い

　英語の some と any の使い方の区別は「肯定文では some, 否定
文や疑問文では any になる」という機械的なものではありません。
たとえば、「何か質問はありますか」ということを英語で表現す
ると、次の2通りの表現が可能です。

(5) a. Do you have some questions?
　　b. Do you have any questions?

　この (5a,b) の意味の違いは、(5a) は聞き手に質問があると思っ
ている場合の表現で、(5b) はそのような予測をしていない場合の

表現です。

　ここから次のことが分かります。

> **some**：特定の何かが頭に浮かんでいるときに使う。
> **any**　：特定の何かが頭に浮かんでいないときに使う。

　まず初めに、any から見てみましょう。any は話題になっている人やモノについて、特定の人やモノを頭に描いていないで、人やモノを取り出すときに名詞に付けます。これは下の図のような感覚です。

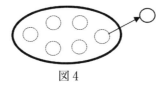

図 4

　そこで、次の例を観察してみてください。

(6) a. Any child could do that.

　　（どんな子供でもそれをできるだろう）

　b. Any bed is better than none.

　　（どんなベッドでもないよりましだ）

(6a) は、子供の集合の中からどの子供を取り上げてもという意味で、(6b) はベッドの集合の中のどのベッドを取り上げてもという意味ですから、特定の子供やベッドが頭に浮かんでいるわけでは

ありません。ですから、先の図4のように、**集合の中の潜在的な
メンバーから任意の1つを取り上げるという作業に any が必要
になる**ということです。

　このことは次の例でも同じです。

(7) Come and see me any time. （いつでも遊びに来てください）

時の集合の潜在的なメンバーから任意の時を取り上げるために
any が必要になるのです。

　また、次のような例でも、話す時点では具体的な「助け」や「困っ
たこと」が頭に浮かんでいません。

(8) a. Please let me know if you need any help on this matter.
　　　（この件で助けが必要なら言ってください）

　　b. If you have any difficulty, ask me for help.
　　　（困ったことがあれば、連絡下さい）

この場合は、if 節になっていますので、あなたが「助けが必要な
事柄」や「困った事柄」の集合の潜在的な事例から1つを取り上
げたら、ということで any が使われるのです。

　次に some について考えてみます。any とは違って、some は特
定のモノが頭に浮かんでいるときに使います。この特定のモノが
頭に浮かんでいるということは次の例をみても分かります。

(9) a. Some students like science very much, and others like music.
　　　（科学が大好きな学生もいれば、音楽が好きな学生もいる）

b. He works for some newspaper in Tokyo.

（彼は東京のある新聞社に勤めている）

c. You need someone to assist you.

（君には援助してくれる人が必要だ）

(9a) では、科学が好きな学生が何人かいることが具体的に浮かんでいますし、(9b) では、話し手には具体的な新聞社を頭に浮かべて、その社名をあえて明かさないで話しています。また、(9c) では、援助してくれる人がいるということが前提になっています。このように some を使うということは、特定のモノを浮かべているのです。

　また、次のように人に何かを勧めるときに some を使いますが、この場合にも、具体的にコーヒーを浮かべて、それを相手に勧めるので some と言うのです。

(10) Will you have some more coffee ?

（もう少しコーヒーはどうですか？）

この場合 Would you like some more coffee? とすると、より丁寧な表現になります。

3. 英語の冠詞 a/the の使い方

〈ポイント〉
a / the は聞き手に出来事を捉えるヒントを与える標識です。

名詞によって表されるモノが聞き手にとって何を指しているのかが分からなければ a を使い、特定のモノと分かるときには the を使うということです。

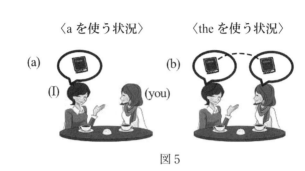

〈a を使う状況〉　　〈the を使う状況〉

(a)　　　　　　　　(b)

(I)　　　　　　(you)

図 5

では、このことを踏まえて次の文を観察してみましょう。

(11) I got lost on my way to your house, but <u>a woman</u> was kind enough to drive me here.

（君の家に来る途中で道に迷ってしまったが、女の人が親切にも私をここに車で連れて来てくれた）

(11) の a woman という女性に話し手は実際に会っているわけですから特定の人を指しています。それにもかかわらず不定名詞句で表現されているのは、聞き手にとってはその人は woman という語によって特徴付けられる誰かでしかありません。つまり、そのように呼ばれる人は世の中に沢山いるわけですから聞き手にとってはその人は woman と呼ばれる集合の中の誰かということ

になります。そこで、話し手と聞き手のイメージの違いはそれぞれ図6のようになります。

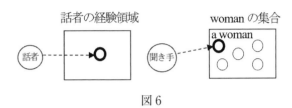

話者の経験領域　　　　　woman の集合

図6

　a / the を使う上で大切なのは、まず名詞があって、それに a や the を付けて表現するのではないということです。というのは、「a 名詞」にしても「the 名詞」にしても、話し手は「名詞」の前に a/the を発するわけですので、a と言った瞬間に、聞き手は次に発せられる名詞を自分の知らないことと理解するからです。つまり、**a / the は聞き手がその名詞をどのように理解したら良いのかの合図**なのです。英語話者は聞き手が何を指しているのかが分かるか、分からないかを判断して、下のどちらかのスロットに名詞を入れて話すのです。

a ☐ / the ☐

3.1. 定冠詞 (the) の使い方

　英語のネイティブスピーカーが the を使うのは、前節での説明から、次の図7のように、話し手が自分の頭の中にあるモノ（指示物）を聞き手が同定できる、つまり**聞き手が何（どれ）を指しているか理解できると判断したときにその名詞に the を付けて表**

現するということです。

図 7

たとえば、図 7 の状況を例文で示すと以下のようになります。

(12) I have bought the book you recommended me.
　（君が薦めてくれた本を買ったよ）

　以下では、聞き手が何を指しているのかが分かる場合について具体的な例を挙げておきます。（　　）は少し専門的な用語で、the の使い方を示しています。

(13) a. I bought <u>a book</u> yesterday. I found <u>the book</u> interesting to my research.
　　（私は昨日、本を買った。私はその本が私の研究にとって興味深いことが分かった）（前方照応の *the*）
　b. <u>The apartment house</u> that John lives in is thirty stories high.
　（ジョンが住んでいるアパートは 30 階建てだ）（後方照応の *the*）
　c. Please shut <u>the door</u>.（ドアを閉めてください）
　　　　　　　　　　　　　　　　　　　　　　　（外界照応の *the*）
　d. Bill caught me by <u>the arm</u>.
　　（ビルは私の腕をつかんだ）（部分の *the*）

e. I got on <u>a bus</u> yesterday and <u>the driver</u> wore a hat.

（昨日バスに乗ったら運転手が帽子をかぶっていた）

（間接照応の *the*）

f. I bought <u>a used car</u> the other day, but <u>the tires</u> were little too old.

（先日中古車を買ったらタイヤが少し古かった）

（間接照応の *the*）

これらの用法をまとめると以下のようになります。

- (13a) では、聞き手は the book が話し手 ("I") が昨日買った本のことを言っていることが理解できるので the を用いている。
- (13b) では関係詞節の説明で John が住んでいるアパートに特定されることで、どのアパートを指しているか理解できるので the を用いている。
- (13c) では発話の場面から聞き手がどの door を指しているか理解できるので the を用いている。
- (13d) では文の意味から me の腕を指していると理解できるので the を用いている。
- (13e) と (13f) では a bus や a used car からの連想によってそのバスの driver、また、その車のタイヤだと理解できるので the を用いている。

　このような具体例を見ても、その名詞を the を用いて表現するのは、話し手が聞き手が何を指しているのかが分かると判断しているということで、話し手がその状況をどのように解釈している

かが the の有無につながることが分かります。

（例）the beautiful（美しい人、美しい物）、the unexpected（予期しないこと）、the supernatural（超自然的なもの）

(C) the ＋形容詞で「抽象名詞」になることもあります。

（例）the good（善）、the beautiful（美）

　the ＋形容詞で、形容詞から分かる人（モノ）という意味になるということは、そういう人（モノ）全体を指しているということでもあります。この全体を指すということは、the ＋名詞でも同様です。以下はその例です。

(i) the Kennedys（ケネディー家の人々）

(ii) the Japanese（日本国民）

3.2. 不定冠詞 (a) とゼロ冠詞の使い方

　では次に、不定冠詞がつく場合と何もつかないゼロ冠詞の違いについて考えてみます。そこでまず初めに、次の 2 つの例文を観察してみましょう。

(14) a. We have <u>breakfast</u> at eight everyday.

（私達は毎日 8 時に朝食を取る）

b. Mary cooked us <u>a good breakfast</u>.

（メアリーは私達においしい朝食を出してくれた）

(15) a. <u>Pity</u> is akin to love.（同情は愛に似ている）

b. It is <u>a pity</u> you weren't there.

（あなたがそこにいなかったのは残念です）

(14) と (15) から分かることは、(14a), (15a) の breakfast（朝食）、pity（同情）のような**ゼロ冠詞の名詞では、特に具体的な何かを指しているわけではない**ということです。それに対して、(14b) の a good breakfast は good という**形容詞が付くことで具体的なものを指している**ということになりますし、(15b) は you weren't there ということに対して、それは a pity（残念な事）だと言っているわけですから**具体的なことを表しています**。

　このゼロ冠詞の特徴は次の例でも同じです。

(16) John goes to school by bus every morning.
　（ジョンは毎朝バスで学校へ行きます）

(16) の bus は特定のバスをイメージしていません。これは、ゼロ冠詞の名詞は「タイプ」を表しているからです。「タイプ」というのは、言語社会の成員によって共有されている知識としてのモノです。たとえば私達は「ネコ」という語を聞くと<u>ある一定の特徴をもった動物</u>を思い浮かべます。でも、その時には<u>具体的なネコを指しているわけではありません</u>。これを「**タイプ**」と言います。そして、この「ネコ」という名称で呼ばれる動物は現実世界にたくさんいるわけで、これを「**具現形**」と呼びます。

「a 名詞」という表現はこの「具現形」を指しており、話者が発話の場面や経験の中で特定のモノを知覚あるいは想起していることを意味します。

　「タイプ」は「特定の物を指していない（特定の指示物を持たない）」というのがその特徴で、たとえば、「ネコ」という語を聞いたときに思い浮かべる知識としてのネコです。ですからこの場合は「ネコのイメージ」があるということになります。でも、ここでゼロ冠詞名詞をもう少し詳しく見てみると、別の原理が働いているためにゼロ冠詞となっている場合もあることに気付きます。

　次の文を観察してみましょう。

(17) a. <u>Hero</u> as he was, he wept at the news.
　　　（彼は英雄だったが、その知らせに泣いた）

　　 b. <u>Child</u> as he was, he had enough sense to understand what she really meant.
　　　（彼は子供だが、彼女が本当に言いたかったこを理解するのに十分な思慮があった）

(18) a. They elected him <u>chairman</u>.
　　　（彼らは彼を議長に選んだ）

　　 b. John treated Bill like <u>servant</u>.
　　　（ジョンはビルを使用人のように扱った）

このように<u>ゼロ冠詞の名詞</u>は名詞の指示対象の個体認識というより、むしろその<u>内面を前景化</u>した時の表現です。つまり、(17a,b) の hero や child は主語の「**属性**」を述べたものであり、(18a,b) の chairman や servant は目的語である him や Bill の「**役割**」を述べたものだと言うことができます。

4. 名詞の働きをする要素

　動名詞、不定詞、that 節、whether SV、間接疑問（疑問詞 +SV）などは、名詞と同じ働きをする要素です。ですから第 1 章 2 節の図 13 のスロットに入れることができ、表現の幅を広げることができます。

(19) a. Understanding the cause of the accident is crucial.
　　　（その事故の原因を理解することが重要だ）

　b. To understand the present situation is important.
　　　（現状を理解することが重要だ）

　c. I regret that I told John such a thing.
　　　（私はジョンにあんなことを言ったのを後悔している）

　d. My concern is whether Bill will accept the offer.
　　　（私の関心事はビルがその申し出を受け入れるかどうかだ）

　e. John doesn't know where Kristen lives.
　　　（ジョンはどこにクリステンが住んでいるのか知らない）

　以下では、動名詞、不定詞、that 節に視点を置いて、具体的に説明します。

〈動名詞、不定詞、that 節の使い分け〉

　名詞の働きをする要素の中でも特に重要な動名詞（動詞 ing）、不定詞（to 不定詞と原形不定詞）、that 節を取り上げてそれぞれの違いについて説明します。この 3 つを取り上げる理由は、動名詞、不定詞、that 節は名詞として使いますが、(20) に示されるよ

うに、名詞らしさ (nouniness) の度合いが違っているからです。

(20) that 節 > 不定詞 > 動名詞 > 名詞

　that はその後に SV が続きますので、出来事を表していることが分かります。不定詞と動名詞は「〜すること」という日本語に対応させると、意味の違いが見えてきませんが、**不定詞よりも動名詞の方が名詞的な表現**です。

　動名詞、不定詞、that 節のそれぞれは、**状況に応じて、出来事をどのように表現することが必要かで使い分けます。**

　動名詞の特徴をまとめると以下のようになります。動名詞はきわめて名詞に近い感覚です。そのために次の特徴をもっています。

〈動名詞の特徴〉

・出来事を一般的なこととして伝えるときに使う。
・動名詞の意味上の主語は所有格（my, his, her, their）を使う。
　（これは名詞の前の代名詞が所有格になるのと同じです）
・動名詞の前に the を付けたり、動名詞の目的語を of 名詞
　で表現できる。
・前置詞の目的語になれる。

　以下に例を挙げてみます。

(21) a. His understanding the theory is important for his paper.
　　（彼がその理論を理解することは彼のレポートには重要だ）

b. The understanding of the theory is important for his thesis.
（その理論を理解することは彼の論文には重要だ）

(22) Living in a foreign country is helpful to learn the country's culture.
（外国に住むことはその国の文化を学ぶために役に立つ）

(21a) で動名詞の意味上の主語が所有格になっていますが、これは his car のように名詞の前の代名詞の形が所有格になるのと同じです。また、(21b) では、動名詞に the が付いたり、前置詞のof が使われるのも名詞の特徴です。(22) では、動名詞が主語として使われていますが、この言い方は、一般的に情報を伝えるときに使う表現です。

　不定詞の特徴をまとめると以下のようになります。

〈不定詞の特徴〉

> 不定詞は動名詞に比べると、動詞的な感覚です。
> ・個別的、具体的な出来事を伝えるために使います。
> ・不定詞の意味上の主語は for 名詞で表現します。
> ・不定詞の行為者が明示されていなくても、特定の誰か
> 　が行為をすることを想定しているときに使います。

　以下に例を挙げてみます。

(23) It is impossible for us to reach the town by tomorrow.
　　（私達が明日までにその町に到着することは不可能だ）

(24) To learn English is useful for your future job.
　（英語を学ぶことは君の将来の仕事に役立つ）

(23) では、to reach the town という行為の意味上の主語を示すために for us という形式が使われています。また、(24) では不定詞句が主語になっていますが、これは特定の人、この場合は聞き手の you に向かって、個別的で具体的な事を伝えているからです。

〈不定詞の意味上の主語の表し方〉

　たとえば、「ビルが日本語を学ぶことは重要だ」ということを、形式主語の it を主語にして具体的な内容（出来事）を不定詞を使って表現すると (25) のようになります。

(25) It is important for Bill to study Japanese.
　（ビルが日本語を勉強することは重要だ）

つまり、不定詞の動作を行う人は for を付けて示すということです。ここで大切なことは、不定詞の動作をする人を表す場合に、常に for を使うということではなく、of を使う場合もあるということです。そこで、次の (26a) と (26b) の違いを考えてみましょう。

(26) a. It was foolish for Mary to say that.
　　b. It was foolish of Mary to say that.
　　（メアリーがそんなことを言うなんて愚かだった）

(26a) のように for を使うと、for Mary to say that という出来事

が foolish だという意味になります。この場合には、Mary 自身が foolish だという意味はありません。それに対して (26b) のように **of を使うと、Mary も foolish だし、to say that という行為も foolish だという意味になります**。よく学習参考書では kind、stupid のように人の性質を表す形容詞の場合に不定詞の意味上の主語を of で表現すると書いてあります。これは of に「性質・属性」を表す意味があるからで、of を使うか for を使うかは十分気を付けなければなりません。また、同じような内容を (27) のように表現することもできますが、この場合には Mary を主語にしているだけに、直接的でかなりきつい言い方になります。

(27) Mary was foolish to say that.

　（そんなことを言うなんてメアリーは愚かだった）

〈コラム〉

　なぜ foolish, kind, stupid では不定詞の意味上の主語を of で表現するのでしょうか。この答えは、of という前置詞にあります（of については第 6 章 10 節の「Of のイメージと使い方」を参照）。of の基本的な使い方は「部分と全体」の関係を表すということで、one of the students がその典型例です。(26b) の of の例も、この「部分と全体」の関係とみることができます。この典型例から、次の例を観察してみてください。

(i) John is fleet of foot.（ジョンは足が速い）

この「足が速い」という表現ですが、この場合は、foot を

140

全体とすると、fleet（速い）というのは、foot（足）の性
質・働きの一部ということになります。このように考える
と、foolish of Mary では、**foolish は Mary の性質・属性の
一部**ということになるのです。このために、(26b) の文では、
foolish は Mary の性質のことでもあり、また、主語の It は
仮主語で to say that という行為を指しているので、to say
that も foolish だということになるのです。

〈もう少し踏み込んでみましょう〉

　(25), (26) の例文に形式主語の it が出てきましたので、この it
の正体について少し補足しておきます。ここでの問題は英語の
ネイティブスピーカーはなぜ it から言い始めるのかということ
です。実は、この it は「状況」を指しているのです。たとえば、
次の図 8 の状況を (28) のように言ったとしましょう。

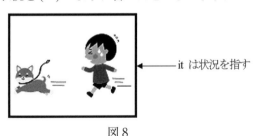

図 8

(28) It is impossible for the boy to catch the dog.
　（あの子は犬を捕まえられないね）

この表現の感覚は、出来事の状況全体をまず it で表現して、そ

れが is impossible だと言っているということです。そしてそれを
さらに、聞き手に分かるように for the boy to catch the dog と付け
加えているのです。このように、形式主語は文のパターン（この
場合は SVC）を理解しやすくする工夫ですが、そもそも、なぜ
it を使うのかというと、それは場面（状況）全体を指すためとい
うことです。そしてこのことが理解できると、以下の表現も納得
がいきます。

(29) a. It is just seven o'clock.（ちょうど7時です）〈時〉

  b. It is hot today.（今日は暑いです）〈天候〉

  c. How's it going with you?（調子はどうだい）〈状況〉

つまり、it は出来事が起こる状況を指していて、それが、(29a-
c) のように、is の後の語の意味によって，it が指しているものが
「時」、「天候」、「状況」というように特定化されるわけです。こ
のようなことから、それぞれの it が「時の it」、「天候の it」、「状
況の it」と呼ばれるようになったのです。

 このことに加えて、語源は一緒ですが、it にはもう1つの使い
方があります。

(30) a. "That's the bell." "It's the mailman."

   （「ベルが鳴ったよ」「郵便配達の人だよ」）

  b. "Who is it?" "It's me."（「だれ」「僕だよ」）

  c. As I came up to her little baby it stretched out its little
   hand to me.

  （彼女の赤ちゃんに近寄ったら小さな手を私に差し出した）

(30a-c) の it は he などと同じ人称代名詞です。古い英語では、名詞は「男性名詞」、「女性名詞」、「中性名詞」のどれかに分類されて使われていました。これを「文法的性」と言います。it は「中性名詞」の人称代名詞です。現代英語では、名詞を文法的性で区別することはありませんが、男性か女性かを区別しないで使う it が固定化したのが (30a-c) の表現です。

　このように it は中性を表す人称代名詞ですが、これと似た使い方をする「指示代名詞」の that との使い方の違いをここで簡単に見ておきます。ここでのポイントは以下の通りです。

〈ポイント〉
　 it ：すでに知っていること（既知情報）を表すときに使う。
that：発話時の状況の中で新しく得た情報を指す時に使う。

　次のような発話状況では、話者 B は話者 A が宝くじに当たったことを、**話者 A から聞いて初めて知った情報なので、it ではなく、that を使います。**

〈A が興奮して部屋に入って来て〉
(31) A: Guess what! I just won the lottery.
　　　（驚くなよ！　宝くじが当たったんだ）
　　B:*It / That*'s amazing!（それはすごいじゃないか）

　それに対して、次のように、話者 A が宝くじに当たったことを、**話者 A から聞く前にすでに知っていたという状況では it を使います。**

(32) A: Guess what! I just won the lottery.
  （驚くなよ！　宝くじが当たったんだ）

  B: (Yes,) *it*'s amazing! I heard about it on the radio, and
  I've invited my friends to our house for a party!
  （それはすごいじゃないか。ラジオで聞いたよ。友達をパー
  ティーに呼んだんだ）

　また、相手の持っているものを指して「それは何ですか」と言
う場合には次のようには言えません。

(33) *What is *it*?（それは何ですか）

　これは、代名詞である it は一度話題に出たものとして受けるこ
とはできても、**初めて話題にするものをいきなり it で表現する
ことはできない**からです。そのため、次のように that を用います。

(34) A: What's *that*?（それは何ですか）
  B: This? *It*'s a English-Japanese dictionary.
  （これですか？　英和辞書です）

〈ここで注目！〉
　先程、不定詞と動名詞の特徴について説明しましたが、(35a,b)
のように、不定詞と動名詞が目的語になる場合について少し付け
加えておきます。
　この場合、不定詞は「未完了のこと」、動名詞は「完了したこと」
という特徴をもっていると学習参考書には書いてあります。

(35) a. I remember to visit Boston when I visit the U.S.

　　（アメリカに行ったら、忘れずにボストンを訪問します）

　b. I remember visiting Boston.

　　（ボストンを訪問したことを覚えています）

そして、この説明は確かに次のような例もうまく説明できます。

(36) a. I want to visit Boston.（ボストンを訪問したい）

　b. I regret telling you such a story.

　　（あなたにあんな話をしたことを後悔している）

　でも、動名詞は常に「完了したこと（過去のこと）」を表すわけではありません。次の例を観察してみてください。

(37) a. Can you imagine living on the moon?

　　　（月に住むことが想像できますか）

　b. I recommend reading the instructions first.

　　（まず説明書を読むように勧めた）

(37a) の「月に住む」ということは、**主語の意志によるものではなく、あくまで客観的な対象として思い浮かべているにすぎません。また、(37b) の「説明書を読む」という行為をするのは主語ではなく、この助言を受けた相手です**。このことと、(35b), (36b) で動名詞がすでに完了している出来事を表すということを含めて、共通性を考えると、**主語は動名詞で表現された出来事をコントロールできない**ということになります、それに対して、「主語

＋動詞＋不定詞」の場合には、**不定詞の出来事は未完了のことですから、それを実行するかどうかに関して、主語はコントロールできます。**

そこで、このことを次のようにまとめることができます。

> ・主語が自分の意志で目的語の出来事をコントロールできるときは不定詞で表現する、
> ・主語が自分の意志では目的語の出来事をコントロールできないときは動名詞で表現する。

〈tough 構文〉

英語では、次の (38) のように仮主語と呼ばれる it を主語にして、その内容を表す不定詞が文末に置かれる構文があります。

(38) a. It is easy to read this book.（この本は読み易い）
**　　 b. It is comfortable to sleep in this bed.**
　　　（このベッドは寝心地がいい）

この場合、(38) の文は不定詞の目的語や前置詞の目的語を主語にして次のように表現することもできます。

(39) a. This book is easy to read.
**　　 b. This bed is comfortable to sleep in.**

この (39) のように、easy（易しい），tough（困難な），difficult（難

しい），hard（難しい），impossible（不可能な）のような「難易」を
表す形容詞や comfortable（心地よい）のような「快、不快」を表
す形容詞が不定詞をとり、不定詞の目的語や前置詞の目的語が主
語になっている構文を tough 構文といいます。

　そこでまず、(38) の表現と (39) の表現の違いは何かを考える
と、表現効果の違いということになります。(38) のように形式主
語を文頭に置いた文は非常に客観的な表現で、文のパターンを分
かりやすく伝えるための工夫です。形式主語の it を使って、it is
easy とすることで SVC の表現パターンであることを明確に伝え
ることができます。このことは、形式目的語の it を考えてみると、
さらに明確になります。

(40) I found it difficult to finish my report by tomorrow.
　　（私は明日までにレポートを終えることは難しいと分かった）

(40) では、I found it difficult（私はそれが難しいことが分かった）と、
SVOC という文の骨組みを明確にして、it の具体的な内容を不定
詞で述べることで、内容を素早く理解することができます。

　それに対して (39) のような tough 構文で、this book や this bed
が主語になっているのは、this book や this bed が会話の中で話題
になっているからです。ですから、this book や this bed から話し
始めるのが自然なのです。

　このことに加えて、(38) のように形式主語を使った表現と (39)
の tough 構文では、決定的な違いがあります。それは、**tough 構
文は「主語の性質（属性）」を表し、主語を特徴付ける表現**だと
いうことです。ですから、(41) は話題になっている車の属性を述

べた文ということになります。

(41) This car is easy to drive. （この車は運転しやすい）

　このことから、通常は不定詞の意味上の主語は for~ で表現されますが、tough 構文には馴染みません。

(42)　??This car is easy for me to drive.
　　　　（この車は私にとって運転しやすい）

なぜなら「私にとって運転しやすい」ということになると、this car の属性を述べたことにはならないからです。むしろ、「私には」という個別的なことを述べていることになります。
　しかし、for~ は絶対使われないのか、というとそうではありません。そこで次の２つの文を比較してみましょう。

(43) a. ??Babies are easy for John to please.
　　　b.　Babies are easy for their own mother to please.
　　　（赤ちゃんは母親には喜ばせやすい）

(43a) はジョンが赤ちゃんを喜ばせるという個別的な内容で、赤ちゃんの特徴付けになっていませんので不自然な文です。それに対して **(43b) は赤ちゃんの特徴付けとして解釈される**ので自然な文となります。

〈コラム〉

　tough 構文について不思議なことがあります。それはこの構文の不定詞です。

(i) This book is difficult to read.（この本は読み難い）

ここで、this book は意味としては read の目的語です。ですから、それが主語になっているので、this book は read される側ですから to be read としなければならないのではないか、ということです。

　実は、to 不定詞は、「to 名詞」（たとえば to school）から発達しました。to 不定詞の to はもともとは前置詞で、1100年以降に「to 名詞」の名詞の代わりに動詞が使われるようになり、to 不定詞として使われるようになったのです。そのため、名詞には「能動・受動」という感覚はありませんので、to 不定詞も「能動・受動」という感覚に関しては中立的だったのです。

　このことは次の例からも分かります。

(ii) Who is to blame for the delay?（遅れたのは誰の責任か）

(iii) a house to let（貸家）

blame は「～を責める」という意味ですから、to be blamed となりそうなものですが、そうではありません。また、let も「～を貸す」という意味ですから、the house は貸される側なので to be let となりそうなものですが、そうではありません。(ii), (iii) の表現は、to 不定詞が能動・受動に中立的だったことの名残ですが、tough 構文も同じように to 不定詞が能

動・受動に中立的なままで構文として固定化したのです。

名詞の働きをする要素として、次に that 節の特徴をまとめると以下のようになります。

〈that 節の特徴〉

that は出来事 (SV~) をその中に入れる箱というイメージです。そして、この箱そのものは名詞ですので、文の中で名詞の働きをするのです。

名詞

出来事（SV~）

以下に例を挙げてみます。

(44) Stephanie insisted that she was right.
　　（ステファニーは自分が正しいと言い張った）

(44) では、ステファニーが主張した内容が that 節で表現されています。that 節は insist の目的語ですから、全体で名詞ということになります。この that 節が確かに名詞だということは、次の (45a,b) からも分かります。

(45) a. I know John.（私はジョンを知っている）

b. I know that John is the best candidate.

（私はジョンが一番良い候補者だということを知っている）

つまり、John と同じ位置に that John is the best candidate という節が置かれていますので、that 節は名詞だということが分かります。

〈目的語の that 節で that が省略できるのはなぜか〉

　接続詞の that は動詞の目的語になっているときには省略されることがあります。特に think（思う）, hope（望む）, believe（思う）, wish（〜であればいいのにと思う）, say（言う）などの後ろではよく省略されます。

　これは that 節の重要度が高い場合に起こります。少し専門的になりますが、「that 節の主節現象」と言います。

　次の文を観察してみてください。

(46) I think John is a promising singer.

（ジョンは有望な歌手だと思う）

この文で伝えたい部分は John is a promising singer で、I think は付け足し的です。ですからこのような場合には、(47a) のように挿入句にすることもできますし、(47b) のように、付け足しとして、文末で表現することもできます。

(47) a. John, I think, is a promising singer.

（ジョンは、私の考えでは有望な歌手だ）

b. John is a promising singer, I think.

（ジョンは有望な歌手だ、私の考えでは）

　ただし、次の (48) のように動詞に修飾要素が付加されている場合には、それだけ主節の意味が重くなりますので、that は省略できにくくなります。

(48) I think <u>implicitly</u> that John is a promising singer.

（私は絶対にジョンは有望な歌手だと思う）

　これと同じ原理で、require（要求する）, propose（提案する）, undertake（断言する）, order（命じる）, request that A (should) B（A に B するように頼む）のように**主節の動詞に主張が込められる場合**にも省略できません。

第6章

前置詞の世界

1. 英語の前置詞のはたらき

　日本語では「動詞」で表現するところを、英語では「前置詞」で表現する場合があります。
　次の例を観察してみましょう。

(1) a. キャサリンはクリスの後について台所の裏口を**通り抜け**、石畳の通路を**通**って、小屋に**入**った。

　　b. Catherine followed Chris, **through** a door at the back of the kitchen, **down** a stone passage, and **into** a cabin.

日本語では「後についていく」、「通り抜ける」、「通る」、「入る」のように、1つの文の中に動詞が複数ありますが、英語では 'follow' だけが動詞で、それ以外の動作は前置詞で表現されています。これは、英語は SV, SVC, SVO, SVOO, SVOC のように文には主語が1つ、動詞が1つですので、複数の動作がある場合には、それを前置詞で表現するからです。そして、ここに英語らしさがでてくるのです。

〈では、前置詞とは何でしょう〉

　前置詞は具体的な知覚体験をイメージ化したものです。たとえば、「ボールが池に落ちる」というように、「何かが何かの中に入る」という状況をイメージ化したものが into なのです。

〈into の例〉

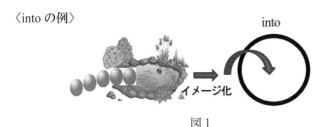

図 1

　この into はイメージですので、具体的な状況がこのイメージ
と一致していれば、その状況を into で表現します。ですから、
以下の例のように、日本語では「落ちる」、「入れる」というよう
に状況に応じて表現を区別しますが、英語話者はイメージが同じ
であれば同じ前置詞で表現するのです。

(2) a. ボールが転がり池に<u>落ちた</u>。

　　b. The ball rolled **into** the pond.

(3) a. サムは注意深く卵を割ってボールの中に<u>入れた</u>。

　　b. Sam carefully broke the eggs **into** the bowl.

　前置詞は名詞と一緒になって「**前置詞＋名詞（または動名詞）**」
という形で on the ceiling（天井に）, at the library（図書館で）, of
my brother（私の兄の）のように一つの意味のまとまりを作りま
す。<u>**この前置詞の使い方をマスターする秘訣は英語のネイティ
ブスピーカーが on や at や of などの語にどのようなイメージを
もっているのかを理解することです**</u>。前置詞のイメージを自分の
ものにすることで自然な英語の表現をすることができるようにな
ります。

特に重要なのは、日本語では「動詞」で表現するところを英語では以下のような「前置詞」を使うということです。

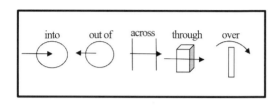

(4) a. ジョンは走って家を出た。

　　 b. John ran **out of** his house.

(5) a. ジムは泳いで川を渡った。

　　 b. Jim swam **across** the river.

(6) a. メアリーは走って木々を通り抜けた。

　　 b. Mary ran **through** the trees.

(7) a. ビルは柵を飛び越えた。

　　 b. Bill jumped **over** the fence.

〈コラム：前置詞と不変化詞〉

　「～に着く」という英語には、reach～ という他動詞と arrive at～ のように arrive が「着く」という意味を表し、「～に」の「に」を前置詞で表現する場合があります。そして、形としては、この arrive at に似た表現に「動詞＋不変化詞」で句動詞になっている表現があります。不変化詞というのは副詞の一種で、位置変化や状態変化を表す語のことで、主なものには away, out, up, on, in があります。

　　　この「動詞＋不変化詞」の例をいくつか挙げてみます。

(i) a. John threw <u>away</u> the ball.（ジョンはボールを投げた）

　　b. Bill carried <u>out</u> the project.（ビルはその企画を実行した）

　　c. I picked <u>up</u> the client at the hotel.

　　　　　　　　（私はホテルに顧客を迎えに行った）

「動詞＋不変化詞」で意味のまとまりをなしている句動詞に
なりますので、不変化詞は前置詞ではありません。その証
拠に目的語が代名詞の場合には、(ii) のように、代名詞が動
詞と不変化詞の間に置かれ、(iii) のように文末に置くこと
はできません。

(ii) a.　John threw it away.

　　b.　Bill carried it out.

　　c.　I picked you up.

(iii) a.*John threw away it.

　　b.*Bill carried out it.

　　c. *I picked up you.

〈前置詞の多義のわけ〉

　英語の前置詞は複数の使い方がある場合が多いことはよく知ら
れています。例えば、次の (8a) は物理的な空間の意味の in で、I
met Mary という出来事が the station の中で起こったことを表して
いますが、(8b, c) はそうではありません。

(8) a. I met Mary in the station.（物理的空間）

　　（駅でメアリーに会った）

b. The historic event occurred in 1976.（時）

（1976 年に歴史的に重要な出来事が起こった）

c. John is in a good mood.（心的状態）

（ジョンは機嫌がいい）

このように、色々な意味で使われるのは、(8b) のように、「時（間）」を「空間」に見立てて表現したり、(8c) のように、「心の状態」を「空間」に見立てて表現することが慣習化したためです。これは、「時間」と「空間」が一定の「範囲」を表すという意味で類似性があると感じるからで、**「ある心的状態の中にいる」ということと、「物理的な空間の中にいる」ということが似ている**と感じられるからです。

　以下では、代表的な前置詞を取り上げて、基本的なイメージと使い方について説明します。

2. On のイメージと使い方

　英語の on のイメージは以下の図のようになります。

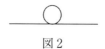

図 2

つまり、「何かに接して何かがある」というイメージです。そして、このイメージを自在に 90 度回転させたり、180 度回転させることで次のような表現も on で表現できることが理解できます。

(9) a. a book **on the desk**（机の上の本）

　　b. a beautiful picture **on the wall**（壁に掛かっている美しい絵）

　　c. a fly **on the ceiling**（天井にとまっているハエ）

　このような「接触」というイメージから次の例でも on が使われます。

(10) a. **John kissed her on the forehead.**
　　　（ジョンは彼女のひたいにキスした）

　　b. **The apples are on the tree.**（りんごが木になっている）

　　c. **The coat is on the peg.**（コートが洋服掛けにかかっている）

　　d. **The dog is on the chain.**（犬が鎖につながれている）

　また、この「接触」というイメージから「持っている、身に付けている」という意味にも使います。

(11) a. **Mary has a ring on her finger.**（指に指輪をしている）

　　b. **Do you have a lighter on you?**（ライターをお持ちですか？）

　さらに、「接触」というイメージから発展して「何かに所属している」という意味にも on を使います。

(12) a. **Kristen is on the board of directors.**
　　　（クリステンは理事会のメンバーだ）

　　b. **Stephanie is on English Language Center committee.**
　　　（ステファニーは English Language Center で働いている）

 c. Evey is on the case.
  （イーヴィーがこの事件を担当している）

 また、この「接触」というイメージから「活動中」という意味にも使います。

(13) a. The house is on fire.（その家が火事だ）
  b. They are on a strike.（彼らはストライキ中だ）

 さらに、「接触」しているという先の図 2 のイメージから「何かが上にのしかかっている、影響を受ける」という意味にも on が使われます。

(14) a. The book had a great influence on me.
  （その本は私に大きな影響を与えた）
  b. The project turns (depends) on you.
  （その企画は君にかかっている）

3. In のイメージと使い方

前置詞の in の基本イメージは以下の図のようになります。

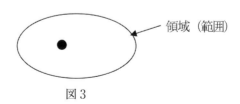

図 3

つまり、「何かの中に何かがある」というイメージです。この基本イメージで説明できる例としては次のようなものがあります。次の (15) では「in + 名詞」の「名詞」が範囲や領域を示し、文の主語や前置詞の前の名詞がその範囲の中にあるということを表しています。

(15) a. John is in the garden.（ジョンは庭にいる）

　　b. an island in [*on] the pacific（太平洋上の島）

　　c. I read the article in [*on] the newspaper.
　　（私は新聞でその記事を読んだ）

　　d. the characters in the novel（小説の登場人物）

　　e. the coldest day in 15 years（15 年間で最も寒い日）

　　f. a woman in her twenties（20 代の女性）

この in のイメージは何かがある領域（範囲）の中にあればよいわけです。

　次の (16a) では 2 時間という範囲の最終の時点に「私があなたに電話をするという出来事」が起こることが述べられています。この場合、現在を起点として未来を言う表現ですので、after two hours のように after が用いられないことに注意しましょう。また、(16b) では 2 年間という範囲の最終の時点で「彼がフランス語をマスターするということ」が完結したことを表しています。

(16) a. I'll phone you in two hours.（2 時間後に電話します）

　　b. He learned French in two years.
　　（彼は 2 年間でフランス語を身に付けた）

また、次の例では「ある範囲の中にある」というイメージから「覆う、包む」という意味で使われています。

(17) a. She was dressed in red.（彼女は赤い服を着ていた）

　　b. a lady in a fur coat (= a lady with a fur coat on)

　　　（毛皮のコートを着ている女性）

　　c. walk in (one's) geta（下駄をはいて歩く）

　この領域（範囲）は物理的な空間や時間とは限りません。以下のように抽象的な場合にも in を使います。

(18) a. Ken is in good health.（ケンは健康だ）

　　b. Bill is in financial difficulties.（ビルはお金に困っている）

　このように「in + 名詞」は範囲（領域）を表しますが、以下の例ではその領域（範囲）を指定して、それについて何かを述べるという文になっています。

(19) a. He is blind in one eye.（彼は片目が見えない）

　　b. He is lacking in courage.（彼は勇気に欠けている）

つまり、(19a) では「片目」に範囲を限定し、それが blind だと言っています。また、(19b) では「勇気」に範囲を限定し、それが「欠けている」と言っています。
　また、ある行為をする領域（範囲）を指定（限定）するときにも in を使います。

(20) a. write in pencil（鉛筆で書く）

　　b. The eggs were packed in dozens.

　　　（タマゴは 1 ダースずつ詰められていた）

つまり、「書く」という行為の道具を「鉛筆」と指定したり、「パック詰め」という行為を「ダース単位」に指定するということです。

4. at のイメージと使い方

　前置詞の at は「地点」というのが基本イメージです。

●

図 4

この「地点」というのは「空間上の地点」だったり、「時間軸上の地点」だったりと様々ですが、大切なことは「at + 名詞」の「名詞」で示されているものが「点的に捉えられている」ということです。

(21) a. The building is at a distance of 20 miles.

　　　（その建物は 20 マイル離れたところにある）

　　b. Bill is at the station.（ビルは駅にいる）

　　c. Open your book at page fifty.（50 ページを開きなさい）

　　d. Christopher is a students at MIT.

　　　（クリストファーは MIT の学生だ）

　　e. I moved to New York at the age of five.

　　　（私は 5 歳のときにニューヨークに引っ越した）

f. I drove at a speed of 50 miles an hour.

　（私は時速 50 マイルの速度で車を運転した）

　この「地点」というイメージからその地点を「的、標的、目標」と見立てることで次のような表現でも at が使われます。

(22) a. John threw the ball at Bill.

　　（ジョンはビルめがけてボールを投げつけた）

　b. The man pointed at the house.（その人はその家を指差した）

　c. Jane got angry at Kristen.

　　（ジェーンはクリステンに腹を立てた）

〈注意！〉

　前置詞の at と on の使い方で次のことに注意しましょう。

(i) a. The restaurant is on Maple Street.

　b. The restaurant is at 529 Maple Street.

(ia) の文は「メープル通り沿いにある」ということを表し、その通りに接しているということで、(ib) の文は「メープル通り 529」という具体的な地点を表しています。

〈注意！〉

　'at' と 'on' について一つ興味深いことがあります。それは「木の上に一羽の鳥が止まっている」という場合、次の

---

2 通りの言い方ができます。

(ii) a. There is a bird on the top of the tree.

　　b. There is a bird at the top of the tree.

(iia) の表現は単に位置関係を言っていますが、(iib) の場合には話者が木を見上げたときに一羽の鳥に気がついたということで、この場合には視線の移動が表現の意味に含まれています。このように 'at' という語には「目でたどる」ということが関わっています。

5. By のイメージと使い方

　前置詞 by の基本イメージは「何かと何かがすぐ近くにある」ということです。それが歴史の流れの中で、近くにある 2 つのモノの関係を表す意味にも使われるようになりました。

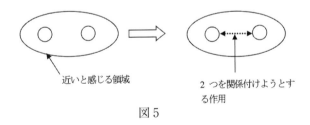

図 5

つまり、この左の図のような「**A と B がすぐ近くにある**」という基本イメージから、右側の図のような「**A と B の色々な関係**」を思い浮かべることができ、そのため by が色々な意味で使われ

るようになったのです。

　まず初めに、「…のそばに」という基本的な意味の使い方には
次のような例があります。

(23) a. Johnson was standing by the window.
　　（ジョンソンは窓のそばに立っていた）

　　b. You should always have a dictionary by you.
　　（いつもそばに辞書を置いておきなさい）

　そして、この「すぐ近く」というイメージから**「あるものと密
接な関係にある」**という意味もでてきます。その結果、体の一部
を表す場合にも使います。

(24) John caught me by the arm.（ジョンは私の腕をつかんだ）

　さらに、その「密接な関係」、つまり、「AがBと密接に関係
している」ということから、**「AがBと関係付けられて起こる」**
という意味になり、(25) のように、by が「ある事柄の（判断の）
基準」を表すためにも使われます。

(25) a. You are expected to act by the rules.
　　（規則に従って行動してください）

　　b. Tomatoes are being sold by the dozen.
　　（トマトはダース単位で売られている）

　　c. It is 5:30 p.m. by my watch.
　　（私の時計で午後 5 時 30 分です）

d. Don't judge a person by his appearance.

（外見で人を判断してはいけない）

e. Stephanie is an instructor by profession.

（ステファニーは、職業は教師です）

f. He is an Italian by birth.

（彼は生まれはイタリア人だ）

　そして、この「ある事柄の（判断の）基準」というのは次のような言い方にも当てはまります。

(26) He is older than me by two years.（彼は私より2歳だけ年上だ）

　　(= He is two years older than me.)

つまり、by two years は「どのくらい歳の差があるか」という基準の範囲を表しています。

　さらに、この「AがBと関係付けられて起こる」ということから、**「Bが行動を動機付ける」**というイメージが生まれ、その結果、(27) のように、「原因」、「原動力」、さらには「動作主」の意味でも使われるようになりました。

(27) a. I was moved to tears just by thinking about it.

　　　（それを考えただけで胸がつまって涙が出た）

　　b. Mary passed the examination by working hard.

　　　（メアリーは一生懸命勉強して試験に合格した）

　　c. The engine is driven by steam.

　　　（そのエンジンは蒸気で動く）

d. The play was written by Shakespeare.

（その戯曲はシェークスピアによって書かれた）

6. To のイメージと使い方

　前置詞 to の基本イメージは、次のように図で示すことができます。

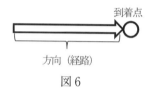

図 6

つまり、「**〜に向かってという方向（経路）＋到着点**」が前置詞 to のイメージで、**到着点は to の目的語によって表します**。

　このイメージの典型的な例には次のようなものがあります。

(28) The tree fell to the ground.（その木が地面に倒れた）

　この例では、fall（倒れる）という動作があることから、どの方向に倒れるのかを示すことが必要で、それが「to 名詞」で表現され、その到着点が the ground（地面）という名詞で表現されています。

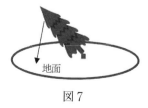

図 7

　次の例では、change（変わる）という動詞の意味から、どの方向に変化するのかを示すことが必要で、それが「to 名詞」で表現され、green（緑色）がその到達点となっています。

(29) The traffic light changed to green.（信号が青に変わった）

図 8

　このように、「to 名詞」は動詞によって表される動作の方向性を明確にする機能を担っているのです。
　以下はその類例です。

(30) a. The car turned to the left at the intersection.
　　　（その車は交差点を左に曲がった）
　　b. The total came to $2,000.（合計は $2,000 になった）
　　c. They appealed to public opinion.（彼らは世論に訴えた）
　　d. Mary gave the book to John.
　　　（メアリーはその本をジョンにやった）
　　e. The fact is known to everyone.
　　　（その事実はみんなに知られている）
　　f. The game lasted to 10:30 p.m.
　　　（その試合は午後 10 時 30 分まで続いた）

　しかし、この方向性が話者の視線の移動によってもたらされる

場合もあります。次の (31) がその例です。

(31) Hakodate lies 300 kilometers to the south.
（函館は 300 キロメートル南にある）

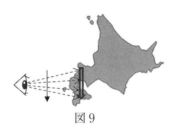

図 9

この例では、到達点は南に位置している函館ですが、その到達点に至る方向性は動詞が表す動作を明確にしたものではなく、出発点から函館までをたどる話者の「視線の移動」が「to 名詞」の意味を担っています。

7. For のイメージと使い方

前置詞 for の基本イメージは、前置詞 to と似ていますが、**方向を表すだけで到着点を含まない**というのが for のイメージです。

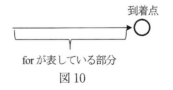

図 10

次の例では、「for 名詞」は名詞を到着点として、その方向に

向かってという意味ですが、到着までは意味に含まれていません。

(32) a. **We left Boston for New York.**

　　　　　（私達はボストンを発ってニューヨークに向かった）

　　b. **This commuter rail is bound for North Station.**

　　　　　（この通勤電車はノース・ステーション行きです）

　　c. **Jim ran for the bus.**（ジムはバスに乗ろうとして走った）

　この方向のイメージは「〜に向けて」ということですから、そこから「〜のために」という意味にもなります。

(33) a. **I bought a beautiful ring for my wife.**

　　　　　（妻に美しい指輪を買った）

　　b. **There is a phone for you.**

　　　　　（あなたに電話です）

　そして、この「〜のために」という意味は「目的」の意味につながります。

(34) a. **We must fight for the abolition of nuclear weapons.**

　　　　　（私達は核兵器廃絶のために戦わなければならない）

　　b. **I have to prepare for an examination.**

　　　　　（試験のために準備しなければなりません）

　また、この「〜のために」や「目標」の意味から「支持」という意味にも for が使われます。

(35) a. She stood up for women's rights.

（女性の権利のために立ち上がった）

b. I'm for her suggestion.（彼女の提案に賛成です）

8. From のイメージと使い方

　前置詞 from は、次のように、**「起点（出発点）から出発する、離れていく」** というイメージです。

図 11

次の例を観察してみましょう。

(36) a. He got on the train running west **from London.**

（彼はロンドンから西行きの列車に乗った）

b. The town is two miles away **from the coast**.

（その町は海岸から 2 マイル離れている）

c. We stayed there **from May** to July.

（私達は 5 月から 7 月までそこに滞在した）

(36a-c) では、図 11 のイメージのように「**ある起点から離れていく**」ことを表しています。

　そして、この「離れていく」ということから「離れている状態」の意味でも使われ、次の (37) のような場合にも from が使われます。

(37) The show is different from most exhibitions of modern art.
（その展覧会は現代芸術のほとんどの展覧会とは違っている）

また、この「起点（出発点」というイメージから (38) のように**「出典、起源」** という意味でも使われます。

(38) a. John quoted the words **from the Bible**.
　　　（ジョンは聖書からその言葉を引用した）
　　 b. This is a picture drawn **from life**.
　　　（これは実物をモデルにして描かれた絵です）

さらに、この「起点（出発点）」という基本イメージから**「原因」**を表す場合にも使われます。

(39) She is tired **from the overwork**.
　　（彼女は働きすぎで疲れている）

9. With のイメージと使い方

英語の with の基本イメージは、次のように、「**2つのものがくっついている**」あるいは「**一緒に存在している**」というイメージです。

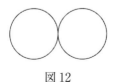

図 12

この典型的な例としては以下のものがあります。

(40) a. She is a girl **with** blue eyes.（彼女は青い目の女の子です）
    b. Bill had a quarrel **with** Tom.（ビルはトムと口論した）

(40a) の blue eyes は a girl の一部分ですし、(40b) では、ビルとトムは一緒に存在していますから、図 12 のイメージと一致しています。
では、次の場合はどうでしょうか？

(41) a. I'll be right **with** you.（すぐ行きます）
    b. She has been **with** a publishing company for many years.
    （彼女は何年も出版社で働いてきた）
    c. He went **with** the tide of public opinion.（彼は世論に従った）

(41a) は私の数分後、数時間後にいる場所にあなたもいるということで、**ある空間に一緒にいる**わけですから、図 12 のイメージと一致しています。(41b) では、「彼女」と「出版社」という 2 つの要素がくっついていることから、働いているという意味になります。また、(41c) では「彼が行く」ということと「世論」がくっついているということは「世論に従う」という意味につながります。ですから、この場合も基本イメージと一致していると言えます。

〈ここでもう少し踏み込んでみましょう〉
「2 つのモノがくっついている」という基本イメージから、「**2**

つの事がくっついて起こる」ということも浮かんできます。そして
さらに、２つの出来事のどちらかを主と考えると、もう一方が
主になっている出来事の動機付けとして用いられるようになりま
す。つまり、**副になっている出来事を、主になっている出来事が**
起こる条件、理由、原因などとして捉えることもできます。
　そこで次の文を観察してみましょう。

(42) a. **With** her permission, he went out.
　　　（彼女の許可で、彼は外出した）

　　 b. **With** the rise in prices, goods are selling slowly.
　　　（物価の上昇で商品の売れ行きが良くない）

　　 c. **With** his knowledge of English, he was able to get the job.
　　　（英語の知識があったので、彼はその仕事に就くことができた）

(42a) では「彼女の許可」が「彼が外出する」という出来事の動
機付け（条件）となっていますし、(42b) では「物価の上昇」が「商
品の売れ行きの悪さ」の原因になっています。また、(42c) では「彼
の英語の知識」が「彼がその仕事に就くことができた」理由になっ
ています。
　では、次の文はどうでしょうか。

(43) With all her faults, I still love her.
　　　（彼女には欠点があるが、それでも彼女が好きだ）

この場合も同じで、「彼女の欠点」と「私は彼女が好きだ」とい
うことがくっついていると考えることができます。ここで「彼女

の欠点にもかかわらず、私は彼女が好きだ」という意味になるのは、大抵は「欠点があるので嫌いだ」となりそうなものですが、「欠点」と「好きだ」ということが一緒に存在しているために「…だけれども」という意味として理解されるわけです。

次に「道具や手段」を表す with について説明します。

(44) a. pay **with** a check（小切手で支払う）

b. cut meat **with** a knife（ナイフで肉を切る）

この場合もやはり、「2つのものが一緒に存在していて、2つのものの関係から with の後の名詞が手段として理解される」ということで、同じイメージで説明できます。つまり、「お金を払う」と「小切手」、「肉を切る」と「ナイフ」の関係から「小切手」や「ナイフ」が手段として理解されるのです。

10. Of のイメージと使い方

前置詞 of のイメージは、of が「枠組み」を作り、A of B という形で「**B という枠組みの中に A がある**」というイメージです。このことから、「A と B との間に本質的（あるいは密接）な関係がある」ということで、**A が B の一部分だったり、B が A の特徴付けなどを表す表現形式**だということになります。

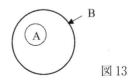

図 13

この典型的な例は以下のような「**部分と全体**」の関係です。

(45) a. the headlight of the car（車のヘッドライト）

　　　b. the cover of the book（本の表紙）

　　　c. the foot of the mountain（山の麓）

　　　d. a member of the team（チームのメンバー）

　　　e. two-thirds of the town（町の 3 分の 2 ）

　　　f. the leg of the table（テーブルの脚）

　では次の例はどうでしょう。

(46) the love of a mother for her child（子に向けられた母親の愛情）

(46) では、love は母親の色々な感情の 1 つですから、「母親」を全体とすると love という感情はその一部分だと言えます。

　この基本イメージとその典型例から言えることは **A of B** という表現では「**B が A を特徴付ける働き**」をしているということです。このためこの表現形式は次のように使うこともできます。

(47) a. a person of courage（勇気のある人）

　　　b. a matter of importance（重大なこと）

　　　c. a man of Boston（ボストン出身の人）

　また、次の例も**中心となっている語を具体的にする**という意味で「of + 名詞」が特徴付けになっています。

(48) a. a good way of living abroad（海外で暮らす良い方法）

  b. the art of painting（絵を描く技術）

  c. the north of London（ロンドンの北の方）

このような 'of' の働きは「動詞 + of」にも当てはまります。

(49) a. John died of cancer.（ジョンは癌で死んだ）

  b. The new jacket is made of leather.

   （その新しいジャケットは皮製だ）

上の例ではそれぞれ「of + 名詞」がその前の動詞を特徴付ける働きをしています。

　また、基本イメージの A と B が「部分と全体の関係でなく同一」ということもあります。

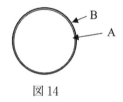

図 14

これが「同格の of」で、「B という A」という意味になります。

(50) a. the big city of New York（ニューヨークという大都市）

  b. the fact of his having deceived her

   （彼が彼女をだましたという事実）

  c. the idea of starting early（早く出発しようという考え）

  d. the name of Johnson（ジョンソンという名前）

(50) の例では「**A と B がイコールの関係**」になっています。

　これまで見てきた「A of B」では中心の語は A でした。しかし、この表現形式の中には表現が固定化して 'A of' が形容詞のようになって B が中心の語として機能する場合もあります。ではまず初めに、A と B のどちらも中心語になり得る例を挙げ、続いて B の方が中心語になっている例を挙げてみます。

〈A が中心語 / B が中心語の両方の見方ができるもの〉
(51) a. a basket of strawberries（1 籠のイチゴ：イチゴ 1 籠）
　　 b. a package of cheese（1 箱のチーズ：チーズ 1 箱）
　　 c. a cup of tea（1 杯のお茶：お茶 1 杯）

〈B が中心語の見方が固定したもの〉
(52) a. an angel of a girl（天使のような少女）
　　 b. a castle of a house（お城のような家）
　　 c. three acres of land（3 エーカーの土地）
　　 d. a number of the students（多くの学生達）
　　 e. that fool of a man（あのバカなやつ）

〈ここでもう少し踏み込んでみましょう〉
　英語は know / know of や hear / hear of のように、of の有無によって微妙な意味の違いを表現します。具体的に言うと、know の直後に目的語を表現するのか、あるいは、of を付加することで、know と目的語の間に距離を置くのかで意味が違ってきます。次の (53a)，(53b) の違いを観察してみましょう。

(53) a. I know Dr. Park.（朴博士を知っています）

　　 b. I know of Dr. Park.（朴博士のことを聞いて知っています）

(53a) の know Dr. Park では、**直接会って知っている**という意味で
すが、(53b) では、know と Dr. Park の間に of を付け加えることで、
距離ができ、間接的になりますから、**「聞いて知っている」**とい
う意味を表します。このことは hear と hear of の違いにも当ては
まります。**hear は「直接聞く」**という意味ですが、**hear of は「〜
について聞く、〜を耳にする」という間接的な意味**になります。
　この直接・間接の意味の違いは英語を理解する上でとても大切
ですので、いくつか例を挙げてみます。次の (54a,b) はジョンに
すぐにお医者さんに診てもらうように勧めた、という意味では同
じですが、(54a) は、advise の直後に John が表現されていること
から、**直接ジョンに会って忠告した**という意味です。それに対し
て (54b) は、advise の後に that があり、それだけ**間接的になって
いますので、第 3 者を通して忠告した**という意味です。

(54) a. I advised John to see a doctor immediately.
　　　（私はジョンにすぐに医者に診てもらうように勧めた）

　　 b. I advised that John should see a doctor immediately.
　　　（私はジョンはすぐに医者に診てもらうべきだと忠告した）

　このことは、次の (55a,b) や (56a,b) でも同じです。at という前
置詞があるかないかで、(　　) で示したように意味が違ってき
ます。

(55) a. John hit Bill.（ジョンはビルを殴った）

　　b. John hit at Bill.（ジョンはビルに殴りかかった）

(56) a. The man shot Christopher.

　　（その男がクリストファーを撃った）

　　b. The man shot at Christopher.

　　（その男はクリストファーに向けて発砲した）

11. Over のイメージと使い方

　英語の over のイメージは以下の図のようになります。

図 15

つまり「何かが上に被さっている、何かを覆っている」というのが基本イメージです。また、このイメージから「〜の真上に」という意味にも使われます。更に、何かを基準にして垂直の状態で被さっていることを意味することもあります。

(57) a. the bridge over the river（川に架けられた橋）

　　b. A lamp was hanging over the desk.

　　（ランプが机の上にさがっていた）

　また、基本イメージから「覆うように越えて、突き出して、張り出して」という意味にも使います。つまり、越えた向こう側を

強調しているということです。

(58) a. the balcony just out over the street
　　　（通りに突き出したバルコニー）

　　b. Your neighbor's trees project over the fence.
　　　（隣の木が塀から突き出ている）

　　c. John spoke to me over my shoulder.
　　　（彼は肩越しに私に話しかけた）

　また、図15のイメージから、over には「地位や能力などが他人より上」、「他人より優越して」、「他人を支配して」というような「優越」、「支配」を表すこともできます。

(59) She is over me in the office.（職場では彼女は私の上司だ）

　さらに、「何かを越えて」のイメージから「優先して」という意味でも使われます。

(60) Jim was chosen over all other candidates.
　　（ジムは他のすべての候補者に優先して選ばれた）

　また、次の表現は 'above' でも言い換えできますが、'above' だと単に「家の上を」という意味で、'over' ではこれに「越えて（真上を）」の意味が加わります。

(61) The plane flew over our house.

　では 'above' と 'over' の決定的な違いは何なのでしょうか？
このことを理解するために次の文を観察してみましょう。

(62) The water was soon $\left\{\begin{array}{l}\textbf{over}\\\textbf{above}\end{array}\right\}$ **my knees.**

　　（水がじきに膝の上まできた）

above も over も２つのものの位置関係（上：水　下：膝）を表し
ているという点では同じですが、over の場合には**水が次第に上
がってきて膝を覆っていく様子をイメージしている表現**という
ことになります。つまり、話者が単に位置関係だけに目をむけてい
るときには above となり、視線の移動を含めて表現しているとき
には over となるのです。このことから、先の (59) も「地位の上
下関係」に視点を置くと、She is above me in the office. という表
現になります。

12. After のイメージと使い方

　英語の after のイメージは、次の図のようになります。

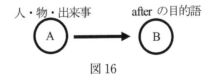

図 16

つまり、「**人や物や出来事 (A) が after の目的語 (B) の後に続い
て行く**」というイメージです。そして、**基本的に時間や順序の前**

後関係を示します。

(63) a. The power failed after the lightning storm.
（落雷のあと停電になった）

    b. After shaking hands, we walked in opposite directions.
（握手をしたあと、私達は反対の方向に歩いていった）

また、この「後に続いて行くというイメージ」から「目的」の
意味としても使われます。

(64) a. She is after a better job.（よりよい仕事を探している）

    b. He wants to go after a Ph. D.
（彼は博士号を取得したいと思っている）

さらにこの「後に続いて行くというイメージ」から発展して、「模
倣」の意味としても使われます。

(65) a. a picture after Rubens（ルーベンス風の絵画）

    b. I was named Tom after my uncle.
（私はおじの名をとってトムと名づけられた）

このように after は人や物や出来事の「時間的前後関係」や「位
置的前後関係」を表しますが、「B の後に A が起こる」という B
と A の関係から、after... が「理由」や「譲歩」の意味として理
解されることもあります。

(66) a. You must be exhausted after the long flight.

（あなたは長時間の飛行のために疲れているに違いない）

   b. After all his efforts, he failed to pass the examination.

（努力したにもかかわらず、彼は試験に合格し損なった）

13. Against のイメージと使い方

Against のイメージは次のようになります。

図 17

against は「**何かが向かい合って**」という意味が原点にあります。to や for が向かう力を表わすのに対して、against は「**向かう力**」と「**反発する力**」が存在します。そしてそこから、2 つの力が反発し対立・衝突しているという意味に発展しました。

(67) a. They fought against the enemy.（彼等は敵と戦った）

   b. We are against working on Sundays.

（日曜日に働くのは反対だ）

   c. The car ran against the wall.（車が塀に衝突した）

この「反発」という意味から、基本的に否定的なイメージになります。

(68) a. the evidence against him（彼に不利な証拠）

b. His age is against him.（彼は年齢の点で損をしている）

　ちなみに、(68a) の文では against を使うと「不利」という文になりますが、for を使うと「有利」というプラスイメージな文になります。

　また、**against は「反発」という意味から、危険などの「流れに逆らおうとする力」を持っていて、それを防ごうとする働き**もあります。

(69) a. an inoculation against influenza
　　　（インフルエンザの予防注射）

b. I bought warm clothes against winter.
　　　（冬に備えて暖かい衣類を買った）

　さらに「2 つの力の対立」という意味から、比較の意味にもなります。

(70) If you weigh the metal against these coins, you will find its
　　　weight.
　　　（これらの硬貨と比較してみれば、その金属の重さがわかる）

第 7 章

英語の語順の原理──重要なモノから先に言う

1. 英語話者の英語の語順の動機付け

　英語の単語の並べ方（語順）は、ネイティブスピーカーの発想をそのまま反映しています。このことはすでに第1章1節「英語の5文型の真実」で述べましたが、英語のネイティブスピーカーは、次の図1のように、自分を含めた出来事全体を外から見ている感覚で話します。これを順に話すと I see Mt. Fuji. となります。

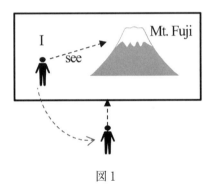

図1

　英語のネイティブスピーカーは、この表現方法を繰り返し用いることで、これも前掲のように、頭の中に次のような表現のパターンを作ります。

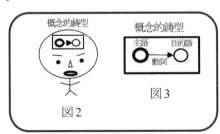

　図 2、図 3 の英語のネイティブスピーカーの頭の中に形成される「概念的鋳型（表現のパターン）」から、主語がとても重要で、そこにまず意識が向けられて、それを出発点にして、出来事を表現することが分かります。この重要なモノが表現の出発点になるということは英語の大きな特徴になっています。

2. 重要なモノから先に言う

　英語のネイティブスピーカーが状況や出来事を表現するさいの大きな特徴は**「重要なモノから先に言う」**ということです。「重要なモノ」というのは、状況や出来事の中で特に意識が向けられているモノということです。

> 〈ポイント〉
> **英語話者は意識が向けられているモノを出発点として、それに説明を付け加えて表現を作ります。**

　たとえば、次の図 4 の状況でコーヒーに意識が向けられれば、(1) のように、a coffee とまず言って、それがどこにあるのかの説明を付け加えます。

意識が向けられている部分

図 4

(1) <u>a coffee</u> on the table（テーブルの上のコーヒー）

　このように「重要なモノから先に表現する」という感覚は英語を使いこなすためにはとても重要ですので、この感覚を身に付けましょう。そこでまず、英語の主語について簡単にみておきます。

〈**英語は動作をする人が主語になる**〉
　出来事では、意識が向けられるのは「動作をした人」です。ですから、次のような状況では、動作をした人に意識が向けられ、John とまず言って、それを主語にして出来事を述べるため、(2)のようになります。

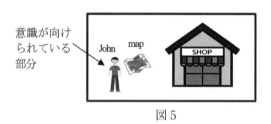

意識が向け
られている
部分

John　map　SHOP

図5

(2) <u>John</u> bought a map at the shop.
　（ジョンはその店で地図を買った）

そしてこの「**重要なモノから先に表現する**」という原則は主節と副詞節の関係にもなりたちます。

〈**英語は「主節—副詞節」の語順が基本**〉
　この「**重要なモノを先に言う**」という原則は、複文の場合も同

じです。ですから、**日本語では副詞節を先に言って、その後に主節がきますが、英語は「主節—副詞節」の順番**が自然です。

(3) <u>I saw a woman with funny clothes</u> when I was walking across the street.

（通りを歩いていると、<u>変な服を着た女の人を見かけた</u>）

〈**これはなぜかを考えるヒント**〉

　下の図6は、「中心の出来事」と「場面や状況」の関係を図示したものです。出来事には、それが起こった「時」や「場所」、また、どうして起こったのかという「理由」などがあります。こうしたことは、図6のように、出来事を支える土台のようなもので、副詞節や副詞句で表現されます。

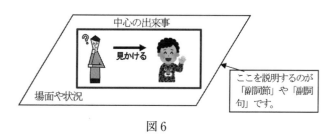

図6

この図6から、**中心の出来事の方が重要**だということが分かります。そのため、「中心の出来事」をまず言って、それから「場面や状況」を付け加えるという表現方法になるのです。自然な英語を身に付けるためには、この感覚がとても重要なのです。このことは、身近な例として、日本語では「駅で花子に会った」と言いますが、これを英語で言う場合を考えてみても納得がいくと思い

ます。

(4) I met Hanako at the station. （駅で花子に会った。）

通常は、"I met Hanako" という中心の出来事を先に言って、"at the station" をその後に付け加えます。

〈ここで考えてみましょう〉
　英語では「名詞―修飾語句」の語順です。この語順になるのは、**英語のネイティブスピーカーが全体を外から見ている感覚（メタ認知）で出来事や状況を捉える**からです。
　実は、この感覚は私達日本人にはとても難しいのです。ですから英語の感覚に慣れるためには、日本人の発想と英語話者の発想の違いを理解することが大切です。

(A) 日本語話者の発想 ：見えているモノを順にたどりながら
　　　　　　　　　　　　話す。
(B) 英語話者の発想 　：出来事（状況）全体を外から見て、
　　　　　　　　　　　　一番言いたいことを先に表現して、
　　　　　　　　　　　　その後で説明を加える。

〈日本語話者の発想〉
　たとえば、友達に特別講演が開催される教室を聞かれて、その教室を教える場合に、日本語では (5) のように言います。

(5) 1 号館の 2 階の 1203 教室

これは、その友達がたどる経路、つまり、目に見えるモノを順番
に表現しています。

1 号館　　2 階フロア　　1203 教室表示　　1203 教室

聞き手が1203教室に行くまでの経路（順に見えるモノ）

図7

〈英語話者の発想〉

　英語のネイティブスピーカーは全体がイメージされています
ので、重要なモノに視点を置くことができます。ですから、room
1203 とまず言って、それを特定するための情報を付け加えてい
きます。

(6) room 1203 on the second floor of the building 1

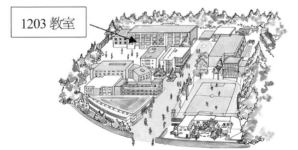

1203 教室

図8

3. 名詞の修飾要素

　ここでは、英語の名詞の修飾要素の特徴を整理してみます。

　日本語では「修飾要素＋名詞」という語順になりますが、**英語では重要なモノから先に表現することから「名詞＋修飾要素」の順になるのが基本**です。

　名詞を説明する後置修飾語句には次のようなものがありますのでしっかり覚えて、使えるようにしましょう。

〈名詞の修飾語句：後置修飾〉

　　　〈名詞〉　　　　　〈修飾要素〉
(7) a. people <u>waiting for the 7:30 train</u>（現在分詞「～している」）
　　（7時30分の列車を待っている人達）

　 b. the temple <u>built in the Kamakura era</u>（過去分詞「～された」）
　　（鎌倉時代に建てられた寺）

　 c. a good way <u>to learn English</u>（不定詞「～するための」）
　　（英語を学ぶ良い方法）

　 d. the restaurant <u>on Maple street</u>（前置詞句）
　　（メープル通りのレストラン）

　 e. the art museum <u>which I visited yesterday</u>（関係代名詞節）
　　（私が昨日訪れた美術館）

　 f. the town <u>where I lived in my childhood</u>（関係副詞節）
　　（私が子供の頃住んでいた町）

　 g. the book <u>I bought</u>（接触節）
　　（私が買った本）

　ここで大切なことは、**「名詞＋修飾要素」全体も名詞**だということです。ですから、その全体を、先の図 3 のスロットに入れて文を作ると、以下のようになります。

(8) The temple built in the Kamakura era has been attracting many tourists.
（鎌倉時代に建てられたその寺は多くの観光客を引き付けてきた）

〈コラム〉

　(7g) の the book I bought のような「名詞＋SV」という表現は、目的格の関係代名詞（この場合は which）が省略された形式だと説明されることがありますが、英語の歴史から見ると、この表現方法は昔からありました。名詞の直後に接触させて SV をつけることで、SV が名詞の修飾語句となっていることから「接触節 (contact clause)」と呼ばれています。

〈ポイント1：「名詞＋現在分詞」と「名詞＋過去分詞」の感覚〉

　英語話者は、頭の中に表現の「概念的鋳型」を作り、その中のスロットに語句を入れて表現します。動詞を現在分詞にするか、過去分詞にするかは、名詞が「する側」か「される側」かによります。

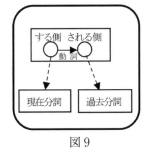

図 9

たとえば、A surprise B（A が B を驚かせる）という表現を例に取り上げてみます。surprise を surprising という現在分詞にして形容詞として使う場合と、surprised という過去分詞にして使う場合の例を挙げると以下のようになります。

(9) The technology surprised the audience.
　　（驚かせる側）　　　　　（驚かされる側）

　　（その技術が聴衆を驚かせた）

(10) the surprising technology（驚くべき技術）

(11) the surprised audience（驚いた聴衆）

　この感覚は日本語話者にとってはけっこう厄介です。第 1 章 2 節でも見ましたが、日本語は「自動詞が基本形」です。次の例のように、「驚く」が基本形で、「させる」を付加して「驚かせる」という他動詞をつくります。

　（例）　（自動詞）　　　　　　　（他動詞）
　　　　　驚く　＋　させる　⇒　驚かせる

このために、日本語話者は「する側」、「される側」という感覚が希薄なのです。

〈ポイント 2 ：「名詞＋ to 不定詞」の感覚〉
　名詞の後の to 不定詞は、その前の名詞を具体的に説明する役割を果たします。

(12) a. an attempt to rescue the kidnapped girl

　（その誘拐された女の子を救う試み）

　b. the time to meet Bill（ビルに会う時間）

　c. the first man to come（やって来た（来る）最初の人）

(12a) では an attempt がどのような試みなのかという具体的な内容が to rescue the kidnapped girl という不定詞で表されています。(12b) では the time が何をする時間なのかが to meet Bill という不定詞で表されています。また、(12c) では the first man というのはどのような点で first なのかが to come という不定詞で表されています。

〈ポイント 3：関係代名詞節の感覚〉

　関係代名詞で重要なことは、代名詞の一種だということです。英語のネイティブスピーカーは、英語を話された順に、あるいは、書かれている順に理解していくわけでから、関係代名詞は、which は「（そして）それは（を）」、who は「（そして）彼（彼女）は（を）」のように理解します。具体的な例を 1 つ挙げてみます。

(13) This is a part of a speech / which was made / by Martin Luther King, Jr. //　He was a great leader / who worked / for the rights of black people / in the United States.

（これは演説の一部です / <u>それは</u>作られました / マーティン・ルーサー・キング牧師によって。// 彼は偉大な指導者でした / <u>彼は</u>働いた / 黒人の権利のために / アメリカ合衆国で //）

また、次の文では、which は「それ」ですので、in which は「その中で」となります。

(14) There was a bridal party, / in which / the bride was dressed in a long white gown / and the groom wore a tuxedo.//

（結婚式があった / その中で / 花嫁は長くて白いガウンを着ていた / そして花婿はタキシードを着ていた）

関係代名詞が人を表す who の場合は少し注意が必要です。というのは、関係代名詞 whom は非常に文法的過ぎて日常的にはあまり使われず、「私は文法に詳しいぞ〜」という印象を与えてしまいがちだからです。そのため、この場合は who を使うのが一般的です。ただし、前置詞と一緒になっている場合は、目的格になりますので、to whom となります。そこで「私がパーティーで話しかけた人」という表現を英語で言うと次の4通りが可能ですが、それぞれ表現効果が違っています。

(15) a. the man **whom** I spoke to at the party

（文法的すぎてあまり使われない）

b. the man **who** I spoke **to** at the party

（関係代名詞と前置詞が離れているのは口語的）

c. the man **to whom** I spoke at the party

（「前置詞＋関係代名詞は文語的）

d. the man I spoke to at the party

（関係代名詞のない接触節はよく使われる）

〈関係代名詞と関係副詞の違い〉

まず初めに、次の 4 つの文の違いを観察してみましょう。

(16) a. The museum **which** John visited last year will be closed in a year.

（ジョンが昨年訪れた博物館は、 1 年後には閉館になる）

    b. The hotel **which** John stayed at is one of the biggest hotels in New York.

    c. The hotel **at which** John stayed is one of the biggest hotels in New York.

    d. The hotel **where** John stayed is one of the biggest hotels in New York.

（ジョンが泊まったホテルはニューヨークで一番大きなホテルの一つだ）

ここで大切なことは、「関係代名詞」になるのか「関係副詞」になるのかはその関係詞の後の節の構造がどうなっているかで決まるということです。ここでポイントを整理しておきましょう。

　関係代名詞は、その後の節の**「主語」、「目的語」、「補語」、「前置詞の目的語」などの役割を果たす名詞が関係代名詞になった**のですから、**関係代名詞の後の節ではそのどれかが欠けている**ということになります。

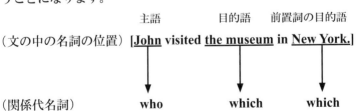

(16a) では visit は「～を訪れる」という意味ですから、「～」にあたる語がありません。つまり、目的語がないわけです。ですからその目的語の**名詞**が**関係代名詞 (which)** になったことが分かります。同じように (16b) の at は前置詞ですから、その後ろに目的語の名詞が必要です。at ～ の「～」の部分の**名詞**が**関係代名詞 (which)** になったことが分かります。では、(16d) ではなぜ where なのでしょう？　ここで大切なことは stay は「滞在する」という意味ですから、どこに滞在するのかを具体的に言うためには**「～に」という場所を表す表現**が必要だということです。つまり、in Boston（ボストンに）とか at the hotel（そのホテルに）、また、**there（そこに）という動詞を説明する「副詞」が必要**なのです。ですから、このような**「副詞」を関係詞で言い換えると「場所を表す関係副詞」**の where となるわけです。これを整理すると以下のようになります。

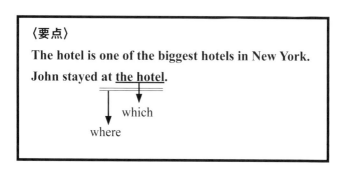

〈要点〉
The hotel is one of the biggest hotels in New York.
John stayed at the hotel.
which
where

〈ここで差がつく英語の感覚〉
　以下では、名詞の修飾語句に関係して、英語のネイティブスピー

カーの感覚を身に付けるためのヒントを挙げておきたいと思います。

〈ポイント 1 ：複数の形容詞の語順の感覚〉

　英語では 2 つ以上形容詞が名詞を修飾する場合には「個人的な主観的判断の形容詞」＋「客観的な形容詞」の順番になります。ですから、日本語では「小さくて美しい町」と「美しい小さな町」はどちらも可能ですが、英語では a beautiful small town と言います。これは beautiful は [small town] を修飾しているという意識が働くからです。

　このことは、次の例をみても分かります。

(17) a. a beautiful French doll（美しいフランス人形）
　　　 b. beautiful long hair（美しくて長い髪）
　　　 c. an expensive new car（高価な新車）

(17a) の beautiful は [French doll] を修飾していますし、(17b)の beautiful も [long hair] を修飾しています。(17c) も同様で、expensive は [new car] を修飾しています。

　ただ、日本語と同じように、「小さくて美しい町」という語順でいうことも不可能ではありません。その場合には、a small, beautiful town のように、形容詞の間にカンマをつけます。このようにすることで、2 つの形容詞が独立的に名詞を修飾することになるので語順は問題ではなくなるからです。

〈もう少し踏み込んでみましょう〉

　英語では、２つ以上形容詞が名詞を修飾する場合に、**「個人的な主観的判断の形容詞」**＋**「客観的な形容詞」**の順番になることがなぜ起こるのかという根底には、次の図10のように、英語話者が出来事全体を外から見ている感覚（メタ認知）で出来事を捉えて表現するという認識の仕方があります。

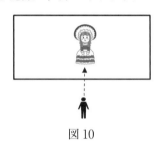

図 10

このような認識の仕方のために、対象の属性を表すのか、あるいは、話者の主観的な判断なのかの区別がつきやすいのです。

〈ポイント２：形容詞と名詞の語順の感覚〉

　形容詞は普通は名詞の前に置かれ「形容詞＋名詞」という語順になりますが、**「名詞＋形容詞」の語順になると「一時的」という意味**になることがあります。

　次の２つの文を観察してみましょう。

(18) a. The present members are on the list.

　　　（現在の会員はリストに載っています）

　　b. The mistake was obvious to all the members present.

　　　（その誤りは、そのとき出席していた会員皆にとって明らか

だった）

(18a) の **the present members** は「現会員」という意味で、会員資格が更新されるまで変化はありませんが、(18b) の **the members present** は「そのときに出席していた会員」という意味ですので、「一時的にそこにいた会員」ということになります。ですから the members (who were) present として理解されます。

　この「**形容詞＋名詞**」は「**恒常的**」、「**名詞＋形容詞**」は「**一時的**」という感覚は、**the visible stars**（**肉眼で観察できる星**）と **the stars visible**（[**ある時に**]**たまたま見える星**）の関係や **the responsible person**（**責任者**）と **the person responsible (for the accident)**（[**その事故に対して**]**責任を負うべき人**）の関係も同じです。ちなみに、something は形容詞がその後に置かれ、**something cold to drink**（**何か冷たい飲み物**）となりますが、このことも「**飲む時点で冷たい**」と考えると、この語順になることも理解できます。

〈ポイント３：'s と of の感覚〉

　日本語で「シェークスピアのソネット」という表現を英語で言うと次の２通りが可能です。

(19) a. Shakespeare's sonnet
　　　b. the sonnet of Shakespeare

　しかし、いつでもこのような２通りの表現ができるわけではありません。また、どちらの表現を使うかに関しては一定の原理が

あります。

　次の (20a,b) を観察してみましょう。

(20) a. The meeting is to take place at **the home of Agnes Levy**, 185
　　　 Elm St.

　　b. The meeting is to take place at **Agnes Levy's home**, 185 Elm
　　　 St.

　　（会合がエルム通り 185 番地のアグネス・レヴィー宅で開
　　　 催されます）

(20a) は一般広告に適しています。つまり、Agnes Levy を知ら
ない人に向けて連絡する場合です。それに対して (20b) は Agnes
Levy を知っている人に対して連絡する場合に使います。この違
いを無視して書いてしまうと、不自然な英語になってしまいま
す。つまり、「名詞 's 名詞」の「名詞 's」の部分は聞き手に「名詞」
が何を指しているのかを知る手がかりを与えるのです。そこで、
この 2 つの表現の違いを次のようにまとめておきます。

〈まとめ〉　（中心の名詞）

・名詞 's **名詞**："名詞 's" は中心の名詞が「何を指しているか」
　　　　　　　　を聞き手が理解する手助けになる働きをする。
　　　　　　　　従って "名詞 's" は会話の場面やもっている知
　　　　　　　　識から聞き手に身近なものでなくてはいけない。
・**名詞** of 名詞："of 名詞" は中心の名詞を「説明したり、特徴
　　　　　　　　付ける」ための働きをする。つまり、情報
　　　　　　　　を付け加える。

　ただし、次のように**全体との関係でしか理解できない**ものは "of 名詞" を使います。

(21) a. the rest of the journey --- *the journey's rest（旅の残り）
　　　b. the part of the problem --- *the problem's part（問題の一部）

　また、「部分と全体の関係」も**「部分がそれだけで分かる」**と**いう場合**はどちらも使います。

(22) a. the door of the building — the building's door（ビルのドア）
　　　b. the handle of the bicycle — the bicycle's handle
　　　（自転車のハンドル）

〈**ポイント４：同格表現（〜という）の感覚**〉
　「〜という…」のような**同格表現**には「**名詞＋ of**」、「**名詞＋ that**」、「**名詞＋ to 不定詞**」の３つがあり、その名詞の具体的な内容を表す働きをします。名詞によっては３つの同格表現のすべてが使える名詞もあります。

(23) a. I have an intention to study abroad.
　　　b. I have an intention of studying abroad.
　　　c. I have an intention that I should study abroad.
　　　（私には留学するという意向がある⇒留学するつもりだ）

しかし、**一般に人間の力ではどうにもならないこと**を表している場合には次のように「**名詞＋ of**」、「**名詞＋ that**」を使います。

(24) a. the idea of helping the needy / the idea that we help the needy
　　　（困っている人々を助けるという考え）

　　b. the fact of the cat being out of the bag / the fact that the
　　　cat is out of the bag
　　　（秘密が漏れているという事実）

　　c. the possibility of Bill's doing the job / the possibility that
　　　Bill will do the job
　　　（ビルがその仕事をする可能性）

ですから次のようには言いません。

(25) a. *There is no possibility for Bill to do the job.
　　　（ビルがその仕事をする可能性はない）

　　b. *There was a risk for the fire to break out again.
　　　（火災が再び起こる危険性があった）

また、「名詞＋ to 」という形の同格表現は to の持つ「方向性（⇒）
のイメージ」と相性の良い名詞の場合に使われます。つまり、「to
〜ということを働きかけたり、望んだりする名詞」です。

(26) a. The attempt to save the boy from the fire was unsuccessful.
　　　（火事からその少年を救う試みは失敗に終わった）

　　b. Christopher has a strong desire to meet you.
　　　（クリストファーはあなたに会いたいという強い希望を持っ
　　　ている）

c. He has a great wish to become a pilot.

（彼にはパイロットになりたいという大きな望みがある）

　では最後に英語の語順に関することとして、疑問文について考えてみます。

〈語順に関係する英語のなぞ〉
なぞ１：疑問文で do が使われるのはなぜか

　疑問文で使われる do は、もともとは「～させる」という意味だった使役動詞の do が、I do want to see you.（ぜひあなたに会いたい）のような強意の助動詞として用いられるようになり、それが 1500 年頃から疑問文で使われるようになったものです。それまでは be 動詞（や法助動詞）の疑問文と同じように主語と動詞を入れ換えて疑問文にしていました。

　では、なぜ英語の疑問文で do が使われるようになったのでしょうか。ここには２つの理由があります。１つは、英語話者は重要なことを先に言う傾向が強いということと関係があります。つまり、文頭で do を発するのは、これから私が言うことは、あなたから情報を得たいからです、という態度を明確に示す工夫なのです。

　日本語の場合には、文が疑問文なのか否定文なのかは、「～か」や「～でない」のように、文の最後で表現しますが、**英語では文がどのような働きをしているのかを出来るだけ先に表現**します。

　このことは否定文の場合も同じで、次の (27a) と (27b) を比較すると、(27a) の方が自然な表現です。

(27) a. I don't think the car is expensive.

b. I think the car is not expensive.

（その車は高いとは思わない）

　２つ目の理由は、<u>do を使うことで、その後の表現はそのまま</u><u>でよい</u>ので、それだけ使いやすいということです。つまり、私はあなたから情報を得たいという気持ちを do をつけるだけで表現できるわけです。

　たとえば、次の (28) の文を疑問文にしたいときには、その前に do をつけて (29) のようにすればよいわけです。you like apples という「**主語―動詞―目的語**」の語順を変える必要はありません。これが do の威力なのです。

(28)　You like apples.（あなたはりんごが好きです）

(29) Do you like apples?（あなたはりんごが好きですか）

なぞ２：be 動詞の疑問文では倒置が起こるのはなぜか

　英語の be 動詞を含んだ文では、疑問文は次のように be 動詞が主語の前にきますがこれはなぜでしょう。

(30) Is John a student at Boston University?

（ジョンはボストンン大学の学生ですか）

そこで、主語の前に be 動詞が置かれるという現象を考えてみると、主語と動詞が入れ替わるのは疑問文に限らないことが分かり

ます。

　次の例文を観察してみましょう。

(31) a. If I were in your place, I would buy the book.

　　b. Were I in your place, I would buy the book.

　　（もし僕が君の立場なら、その本を買うよ）

(32) a. You have visited Boston before.

　　（あなたは以前にボストンを訪れたことがある）

　　b. Have you visited Boston before?

　　（以前にボストンを訪れたことがありますか）

(33) a. I have never seen such a beautiful scene.

　　b. Never have I seen such a beautiful scene.

　　（あんなきれいな景色を見たことがありません）

(34) a. John ran into the room.（ジョンが部屋に走って入って来た）

　　b. Into the room ran John.

　　（部屋に走って入って来たのはジョンだった）

上の例では、If が省略されたり、否定の副詞の never, また、前置
詞句が文頭にくることで、主語と動詞の語順が入れ替わっていま
す。

　このように「主語―動詞」という通常の語順でなくなるのは、
出来事を表現するさいの話者の意図が表れているからなのです。
そして、(30) の場合には、**主語と動詞を倒置させることで、表現
に意図をもっていることを表し、文末のイントネーションを上昇
調にすることで、疑問の気持ちを表す**のです。

第 8 章

英語の構文の表現効果

1. 受動文の表現効果

　第1章で見たように、英語のネイティブスピーカーは、母語習得の過程で、**頭の中に図1のようなスロットを形成して、それに語句を当てはめて話します**。図2はスロットを拡大したものです。

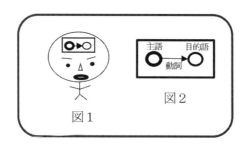

そのため、**英語は能動文が基本形**で、特別な理由がなければ受動文は使いません。英語のネイティブスピーカーは出来事を見たときには図3のように「動作をしている人」の方に意識を向けやすいので、出来事をいきなり受動文で表現されると状況を把握し難いのです。

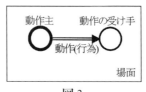

図3

　そこで、**<u>英語のネイティブスピーカーが受動文を用いる場合</u>**を整理しておきます。

〈受動文を使う場合１〉

　話の流れで、誰（何）のことを話しているのか（書いているのか）を一定にする工夫として受動文を使います。

　次の (1) では、映画スターのことが話題になっていることから、それに続く文でもその人を主語にすることで、誰の話をしているのかという一貫性が保たれています。

(1) The movie star appeared in the room.　He was surrounded by many journalists.

　　（その映画スターが部屋に現れた。彼はたくさんの記者たちに取り囲まれた）

　では次の場合はどうでしょうか。

(2) The company parking lot is too small to accommodate everybody's cars.　As a result, many cars are being parked on the road outside the factory.

　　（会社の駐車場は社員の車を収容するにはあまりに小さい。その結果、多くの車が工場の外の道路に駐車されている）

ここでは会社の駐車場が話題になっていますから、当然「車」に意識が向けられています。そのため、2 番目の文では many cars を主語にした受動文が使われているのです。

〈受動文を使う場合 2〉

　実は、受動文が使われる場合には、by~ が表現されないことが

多いのです。実際に**受動文の約 80%** では **by~ という表現があり
ません。**

　このことから、受動文は「**動作主をデフォーカスしたときの表
現形式**」ということができます。つまり、「誰がしたのかという
動作主を意図的に隠す」ということです。

　次の表現を観察してみましょう。

(3) **You are requested to come to the check-in counter ten
minutes prior to departure.**
（ご出発の 10 分前までにチェックイン・カウンターにお越しく
ださい）

この表現を能動文にして、次のようにすると威圧的な感じになり
ます。

(4) **We request you to come to the check-in counter ten minutes
prior to departure.**
（弊社はあなたにご出発の 10 分前までにチェックイン・カウン
ターに来ていただくことを望みます）

このように、受動文は「丁寧表現」としても使われます。このよ
うな例としてはビジネス・レターでよく次のような表現も見かけ
ます。

(5) **Please <u>be advised</u> that you ought to come to the office no
later than seven days before the tour date.**

（ツアー日の 7 日前までにオフィスにお越しください）

〈受動文を使う場合 3〉

　受動文の約 80％が by~ がないということから生じるもう 1 つ
の効果は、「誰が」を表現しないことで、出来事を一般的に提示
することができるということです。We believe that ~ のような表
現ではなく、次のようにすることで一般的な情報として伝えるこ
とができます。

(6) It is believed that John is the best candidate for that job.
　（ジョンはその仕事の最適の候補者だと思われている）

　また、次の例は雑誌からの抜粋ですが、It is estimated that~ も
一般的な情報を与えるという意味で同じ効果をもっています。

**(7) It is estimated that at present about 21 million people in the
United States speak limited English or no English at all.**
　（現在、アメリカ合衆国の 2100 万人の人達が片言の英語を話す
か、あるいは全く英語が話せないと推定されている）

〈コラム〉

　受動文の約 80％が by~ がないということは、受動文で
by~ が使われるのは 20％ということです。このことから、
あえて by~ で表される語句は重要な情報になっているとい
うことになります。一般に by~ には代名詞は使われません。

なぜなら代名詞は話し手と聞き手がともに知っている情報（旧情報）だからです。

〈知覚動詞構文の受動文〉

　知覚動詞構文は (8) の表現パターンです。

(8) 主語—知覚動詞—目的語—$\begin{pmatrix} \text{原形不定詞} \\ \text{現在分詞} \\ \text{過去分詞} \end{pmatrix}$
　　　　$\begin{pmatrix} \text{see} \\ \text{hear} \\ \text{feel} \end{pmatrix}$

この構文の原形不定詞と現在分詞の違いは、(9a) のように、全体を知覚しているのか、(9b) のように、一部分を知覚しているのかの違いであることはよく知られています。

(9) a. **I saw John walk across the street.**
　　（私はジョンが通りを渡るのを見た）
　b. **I saw John walking across the street.**
　　（私はジョンが通りを渡っているのを見た）

　ここで問題となるのは、(10b) のように、能動文の原形不定詞が受動文になると to 不定詞になるということです。

(10) a. **John saw Mary enter the house.**
　　（ジョンはメアリーが家に入るのを見た）

b. Mary was seen to enter the house.
（メアリーは家に入るのを見られた）

この違いは、(10a) は John が Mary が家に入るのを見た、という **John の直接体験、直接的な知覚行為**を表していますが、(10b) は、**Mary についての目撃情報**を述べるような場合だということです。目撃情報ということは、Mary に視点があるわけですから、本来の知覚者（目撃者）に関心が向くことは通常ありませんので、表現されません。そのため、直接的な知覚体験という意味は薄れます。また、この発話を聴く人にとっては、直接 Mary を目撃したわけではありませんから、**間接知覚**ということになります。to 不定詞になるのはこのためです。

〈使役文の受動文〉
　次のように、使役文が受動文になる場合に to 不定詞になるのもこれと同じ原理です。

(11) a. **John made Bill go there.**（ジョンはビルをそこに行かせた）
　　 b. **Bill was made to go there.**（ビルはそこに行かされた）

(11b) は、Bill に何が起こったかという状況を述べた文で、**外的要因によって、「ビルがそこに行く」という出来事が引き起こされた**、ということを表しています。ですから、**能動文での Bill に対する直接的な働きかけが、受動文では間接的になっている**ので to 不定詞になっているのです。さらに言えば、(11b) の受動文では、make されるのは主語の Bill ではなく、むしろ Bill to go there

という出来事です。つまり、主語が分離しているのです。この点で、This book is easy to read.（この本は読みやすい）のように主語 this book と to read に分離している tough 構文（第5章参照）に似ています。

〈コラム〉

　to 不定詞の「間接性」というのは「時間のずれ」ということにも繋がります。そこで、次の例を観察してみてください。

(i) a. Bill **ordered** me **to** sign the contract.
　　　（ビルは私に契約書にサインさせた）

　b. They **allowed / permitted** me **to** go out.
　　　（彼らは私が外出することを認めた）

　c. They **asked** him **to** come.（彼らは彼に来るように頼んだ）

　d. I **expect** him **to** come.（私は彼が来るだろうと思っている）

　e. I **desire / want / like / wish / need** you **to** come.
　　　（私はあなたに来て欲しい）

上の例では、**主節の動詞によって表されている行為の後に、to 不定詞の出来事が起こる**ことを表しています。

　不定詞の to は to school のように名詞の前に置かれる「前置詞」から発達しましたので、**to 不定詞でも「方向性」という意味が残っています**。このように、to は「方向を表す矢印（⇒）」のようなものですから、「SVO to 動詞」という表現パターンは「**目的語によって表されている人を to 不定**

詞の方向へ促す」という意味をもつ表現に使われるのです。そして、この「人を to- 不定詞の動作へ促す」場合には、「**強制的に促す**」のか、「**許可を与えて促す**」のか、あるいは「**頼んで促す**」のかというように色々な場合があるわけですので、(ia-e) のように、それに応じて動詞も使い分ける必要があるのです。

2. 文体倒置文の表現効果

　文体倒置文は話者が出来事をどのように伝えるのかということと深く関係しています。**より自然な流れを作る工夫で、前文とつながりがある要素を先に**表現し、同時に**新しい情報を表す重要な要素を後置**するのが倒置文の特徴です。次の例を観察してみましょう。

(12) The Australian government has approved plans to build the world's largest solar power plant. The plant has a surprisingly simple design. It consists of a low building with a huge glass roof 7 kilometers in diameter. <u>In the middle of this roof stands a 1-kilometer-tall tower</u>.

（オーストラリア政府は世界最大の太陽エネルギー施設を建設する計画を認可した。その施設は驚くほど単純な構造をしている。それは直径 7km の巨大なガラスの屋根がついた低い建物である。この屋根の中央には 1km の高さの塔がついている）

この文章では、下線部の文の前に a huge glass roof という表現があり、屋根に意識が向けられていますので、それに続く文では「その屋根の真ん中に」という in the middle of this roof が先に表現された方が繋がりの良い文体となるのです。

　また、次の (13) では、ひどい自動車事故が起こって、たくさんの人達がその事故を目撃していたという表現がありますので、それに続く文では、意識が向けられている人々から言い始めて、among them を前置する方が、流れの良いスタイルになります。

(13) There was a bad car crash in downtown Sapporo. A lot of people witnessed the tragedy. <u>Among them was an old friend of mine</u>.

　（札幌の繁華街でひどい自動車の衝突事故があった。多くの人々がその重大事故を目撃した。<u>その人々の中に私の古い友人がいた</u>）

　このように、文体倒置文は流れの良い文章を作る工夫ですので、美しい文体を作る基礎としてとても大切です。

3. 英語に表情を付ける工夫──挿入句、分詞構文

　英語は「**中心の出来事**」を SVO や SVC などで表現し、それを基本として、その前に「**場面設定**」の表現、その後に「**付加説明**」の表現、そして、**主語の後ろをカンマで仕切って「挿入句」**を加えることで表現に表情をつけて良いスタイルをつくります。

〈挿入句の使い方〉

　　挿入句はリズムの良い、メリハリのある文にする工夫です。具体的には、主語の後ろにカンマを付けて、**主語**について**補足的に説明する**のですが、そこには、ゲシュタルト心理学でいう Figure / Ground（図 / 地）という原理が働いています。たとえば、(14a,b) の 2 つの文の内容から (14a) を中心の情報と考え、(14b) を背景として認識して、この 2 つの文を 1 文で表現すると (15) のようになります。

(14) a. Rod Stewart was born on January 10, 1945 in London.
　　 b. He is a world-famous musician.

(15) Rod Stewart, a world-famous musician, was born on January 10, 1945 in London.
　　（ロッド・スチュワートは、世界的に有名な音楽家で、1945 年ロンドンで生まれました）

〈分詞構文の使い方〉

　　くり返しになりますが、英語の表現で重要なことは、メリハリをつけて表現するということです。分詞構文はまさにこのためにあります。実はここにも Figure / Ground の原理が働いています。

　　では実際に分詞構文がどのように使われるのかというと、2 つ

の伝えたい情報がある場合に中心となる事柄が S+V で表現され、中心的でない情報が背景として分詞句で表現されるということになります。たとえば、次の (16a, b) を見て下さい。

(16) a. I came across a man with a funny T-shirt.
 （私は変なＴシャツを着た人に出くわした）
 b. I walked along the street.
 （私は通りを歩いた）

　この２つの文では「変なＴシャツを着た人に会った」という事柄の方が、「通りを歩いていた」という事柄よりもより重要な情報と考えるのが一般的です。ですから、これを分詞句を使って１つの文で表現すると (17) のようになります。

(17) Walking along the street, I came across a man with a funny T-shirt.
 （通りを歩いていると、変なＴシャツを着た人に出くわした）

　また、次の (18) では the museum が旅行者に人気があるという事柄の方が、それがどこにあるかよりも重要な情報と考えるのが一般的です。

(18) a. The museum is very popular among tourists from all over the world.
 （その博物館は世界中の観光客にとても人気がある）

b. It is located in the central part of London.
（それはロンドンの中心部に位置している）

これを分詞句を使って 1 文にすると次のようになります。

(19) Located in the central part of London, the museum is very popular among tourists from all over the world.
（ロンドンの中心部に位置しており、その博物館は世界中の観光客にとても人気がある）

　このように、分詞構文とは、2 つの出来事のうち中心の出来事をそのまま表現して、もう一方の出来事を分詞句で表現するという表現方法です。また、その際、分詞句を文頭に置くか、文末に置くかで文全体の表情が大きく変わります。この場合の原則は、先にも述べたように、中心の出来事に対する場面設定や理由を表す分詞句は前に、付加的な説明を表す分詞句は後に置くということです。

〈英語の美しい文体に挑戦しましょう〉
　英語は、述べたいことをできるだけ短くまとめた方が良い文体になります。そのための工夫が挿入句であり、分詞構文です。また、挿入句や分詞句はリズムのある文体にするためにも重要です。こうした工夫を自分のものにして、メリハリのある文体を楽しみましょう！

4. 日本語の「ある、いる」に対応する英語表現

まず、次の (20) を観察してみましょう。

(20) I'm glad that you and your family will be coming to stay at our vacation home next month. The house has four bedrooms, so there will be plenty of space for both our families.

（あなたとあなたの家族が来月私達の別荘に来てくれることを嬉しく思っています。別荘には寝室が 4 部屋あるので、私の家族とあなたの家族の 2 家族でも十分です）

(20) の文章の中で、「別荘には寝室が 4 部屋ある」という表現が The house has four bedrooms. と have を使って表現しています。このように、日本語で「〜がある、〜がいる」という存在を表す表現は There is 〜 という表現ばかりでないことが分かります。

　英語では、存在を表す表現が 3 通りあり、それぞれの表現は次のように使い分けされています。

A is 前置詞句： <u>実際に知覚でき、はっきりとした形があり、数や量の限定されている</u>ものがどこにあるのか（位置関係）を示すために使う。
存在文

Have 存在文： <u>前の文で導入されたり、場面から分かっている人や物</u>について、それがどのような特徴を持っているかを説明するために使う。

There 構文： 何かを説明したり、尋ねたりするために、

> 相手にその情景を（絵のように）浮かばせ
> るために使う。

〈A is 前置詞句　存在文〉

　この「A is 前置詞句」という表現は**「場所を表す前置詞句」**を使って**「A をその位置関係を特定することで特徴付けている」**と言えます。また、前置詞は、第6章で見たように、それぞれ一定のイメージをもっていますので、そのイメージを心に染み込ませることが英語上達の秘訣です。

(21) a. Mary is <u>in</u> the garden.（メアリーは庭にいます）

　　 b. The book is <u>on</u> the table.（その本は机の上にあります）

　　 c. Scotland is <u>to</u> the north of England.
　　　　（スコットランドはイングランドの北にある）

　　 d. The bridge is <u>over</u> the river.（橋が川に架かっている）

　　 e. The building is <u>across</u> the street.
　　　　（その建物は通りを横切ったところにある）

　　 f. John's house is <u>beyond</u> that river.
　　　　（ジョンの家はあの川の向こうにある）

　　 g. The clock is <u>above</u> the chair.（時計がイスの上にある）

　　 h. The post office is <u>behind</u> the building.
　　　　（郵便局はその建物の裏にある）

　　 i. The monument of victory is <u>by</u> the memorial.
　　　　（勝利の記念碑が記念館のそばにある）

　　 j. The restaurant is <u>near</u> my house.
　　　　（そのレストランは私の家の近くにある）

〈Have 存在文〉

まず、次の2つの表現の違いが分かることが大切です。

(22) a. Boston has a lot of historic sites.

　　b. There are a lot of historic sites in Boston.

　　（ボストンにはたくさんの史跡がある）

(22a) はすでにボストンのことが話題になっている場合で、その
ボストンについて相手に情報を付け加えるときに使います。そ
れに対して (22b) は「ボストンにはたくさんの史跡がある」とい
う情景を絵のように頭に浮かばせるために使います。ですから、
have 存在文の主語は「the 名詞」、「人名、地名などの固有名詞」
が多いのです。

　この英語の have の使い方の基本トレーニングとしては日本語
では「〜がある、いる」という表現になる場合でも、have のも
ともとの意味である「〜をもっている」という発想で考えるとい
うことです。

(23) a. Mr. Jones has a good knowledge of biology.

　　（ジョーンズさんには生物学の知識がある）

　　b. We will have a meeting tomorrow.

　　（明日、会議があります）

　　c. The hotel has accommodations for 500 guests.

　　（そのホテルには 500 人宿泊できる）

d. **I have an ache in my arm.**（腕が痛い）

e. **This opera has five acts.**（このオペラは 5 幕ものです）

f. **His idea has an adverse effect on our project.**

（彼の考えは我々のプロジェクトに逆効果をもたらす）

g. **This theory has a close affinity with my research.**

（この理論は私の研究と密接な関係がある）

〈There 構文〉

There is (are) 〜という表現は、くり返しになりますが、**相手にある情景を（絵のように）浮かばせて**、そのことに気付かせたり、そのことを否定したり、また、そのことについて尋ねたりするときに使います。

(24) a. **There is a village across the woods.**

（森の向こうに村があります）

b. **There is a rumor that Dr. Park is the best candidate for the president.**

（朴教授が学長の一番の候補者だといううわさでもちきりだ）

c. **It is generally agreed that there are four main groups of African languages.**

（アフリカの言語には 4 つの主要なグループがあると一般に認められている）

d. **There was little agreement between experimental observations and our theory.**

（実験観察と我々の理論の間にはほとんど一致がなかった）

e. Are there any other ways to save the situation ?
  （この状況を打開するのに他に方法はありますか？）

〈コラム〉

　この there 構文の特徴から、聞き手がすでに分かっている
ことを表す名詞（定名詞句［the 名詞]）、代名詞、固有名詞
には there 構文は使えません。

(i) a. *There is the book on the desk.（机の上に本がある）

　　b. *There is it on the table.（それはテーブルの上にある）

　　c. *There is John in the room.（ジョンは部屋にいる）

このような場合には、それぞれの名詞を主語にして次のよ
うに表します。

(ii) a. The book is on the desk.

　　b. It is on the table.

　　c. John is in the room.

---

5. 形容詞と比較表現

〈tall と high の意味の違い〉

　tall は「幅が狭くて細長いものが垂直方向に伸びている」こと
を視線の移動によって捉えているときに使います。それに対して、
high は「高さ」に重点がある表現で、視線の移動はありません。

tall のイメージ　　　　　high のイメージ

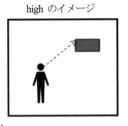

図 4

この図 4 の tall と high のイメージの違いから、次のように同じ「窓」
でも a tall window と a high window ではどのようなモノを表して
いるのかが全く異なります。

(25) a. a tall window（細長い窓）
　　　b. a high window（高いところに取り付けてある窓）

このイメージの違いが分かると、次の表現の違いも理解できます。

(26) a. a high chair（長い脚の付いた子供用のイス）
　　　b. a tall chair（細長のイス）

この高さに視点があるということから、「○○階建て」という表
現でも high が使われます。

**(27) The complex consists of three towers: the highest is 53
　　stories high and the two smaller towers are 34 stories high.**
　　（その 3 棟のタワーからなる複合施設は、一番高いものは 53
　　階建てで、その他の 2 棟は 34 階建てである）

また、「高い天井」、「高い山」という表現は英語では a high ceiling / a high mountain と表現しますが、これも「高さ」に重点があるからです。しかし、「高い山」を次のように、a tall mountain と表現することもあります。

(28) A tall mountain loomed over the valley.
　　　（高い山がその渓谷の上に高々とそびえていた）

図 5

これは、細長く上方にそびえているという山の形状に視点をおいている表現です。

〈nice と good の意味の違い〉

　nice と good は、以下のように同じように使われますので、一見、それほど違いがないようにも思われます。

(29) a. Have a good day.
　　　b. Have a nice day.
　　　（良い一日を［過ごしてください］）
(30) a. We had a nice time.
　　　b. We had a good time.
　　　（私達は楽しい時を過ごした）

　しかし、「それは良い質問ですね」と英語で表現しようとすると good は使えますが、nice は使いません。

(31) a.　It is a good question.

　　　b. *It is a nice question.

そこで、nide と good の意味の違いを考えてみると、話し手が出来事をどのように捉えているのかの違いであると言えます。

　nice は話者が出来事を「**すてきな**」「**すばらしい**」**と感じた時に、それを主観的、直観的に表現する**場合に用いる表現で、身体的、精神的に快い様々なものに用いられるので、話し言葉では多用される傾向があります。以下に例を挙げてみます。

(32) a. It's a nice day for a walk. （散歩日よりです）

　　　b. That's a very nice coat you're wearing.

　　　　（お召しのコートは本当に素敵ですね）

　　　c. It's nice to meet you. （お会いできてうれしいです）

　　　d. Thank you for your nice offer. （親切な申し出ありがとう）

　それに対して、good はどちらかと言うと客観的な表現で、**対象の性質や状態が一定の好ましい基準に達していると判断**したときに、その性質や状態が「良い」、「優良な」、「上等な」という意味で用いる表現です。

　次の表現を観察してみて下さい。

(33) a. good soil（肥沃な土地）

    b. good deeds（善行）

    c. a good family（立派な家柄）

    d. a good school（よい学校）

  上の例では、「土壌」、「行い」、「家柄」、「学校」を好ましい基準に達していると判断している表現です。

  次の (34) では、good を nice と言い換えることもできますが、good を用いているのは、話者が一定の基準に達していると判断しているからです。

(34) a. It seems like a good idea.（それは良い考えのようだ）

    b. It's a good day for a swim.（泳ぐにはもってこいの日だ）

    c. He is a good person.（彼はいい人だ）

  しかし、次の good literature, good eyesight のように一定の基準に従って話者の判断を表している場合には nice で言い換えはできません。

(35) a. Children should read good literature.

    （子供たちは優れた文学を読むべきだ）

    b. Jim has good eyesight.（ジムは視力がいい）

〈**pretty と beautiful の意味の違い**〉

  pretty も beautiful も主観的な表現ですが、微妙な意味の違いがあります。**pretty は繊細さ、華麗さ、可愛らしい魅力などによっ**

て人に好ましい印象を与える場合に用います。それに対して、
beautiful は「完成した理想美」を表す場合に用いられます。

そこでまず、pretty について見てみましょう。

(36) a. a pretty (little) girl（かわいらしい女の子）

　　b. a pretty garden [picture]（きれいな庭［絵］）

　　c. a pretty tune（心地よい調べ）

(36) のように、pretty は通例「小さくて可愛らしい」ことを表しますから、(36a) のように少女（や女性）に使われることが多いのですが、(36b,c) のように、物にも用いられるのは、それが繊細で、華麗で可愛らしいイメージと合致しているからです。

それに対して **beautiful** は「理想的な美しさ」を表す語ですので、**優美さ、気品、気高さに重点を置いている場合**に用います。また、聴覚や視覚に訴える美しさだけでなく、**精神的、知的な美しさ**にも用いられます。以下はその例です。

(37) a. She is a beautiful woman.（彼女は美しい女性だ）

　　b. That was a beautiful game of tennis.

　　　（あれはすばらしいテニスの試合だった）

　　c. It is beautiful outside.（外はすばらしい天気です）

　　d. The house was both expensive and beautiful.

　　　（その家は豪華で美しかった）

　　e. He made a beautiful speech（彼は素晴らしい演説をした）

また、beautiful は主観的色合いが強い語なので、同じく主観性

の強い語と一緒に使われます。この点で、次に詳しく述べますが、big は主観的な意味ですので (38a) は自然ですが、(38b) のように、**客観的な意味の強い large と一緒に用いると違和感があります**。

(38) a. a beautiful big picture

    b. ?a beautiful large picture

    （美しい大きな絵画）

〈big と large の意味の違い〉

  big と large は日本語の「大きい」に対応してますが、どのような場合に用いるかという点では感覚が違います。big はどちらかというと口語的な表現で「重さ、大きさ」などの「質感」を強調する言い方で、話者の主観的な感覚を表します。また、この「重さ、大きさ」の質感の強調から「重要な」という意味でも使われます。それに対して、**large は文語的な表現で、「広さ、幅、数・量の多さ」に重点を置いて客観的に判断している場合**の表現です。

  次の２つの文を観察してみましょう。

(39) a. a big family

    b. a large family

(39a,b) はともに家族が多いことを表し「大家族」という意味になりますが、(39a) は、**big の「重要な」という意味から「名家」**という意味でも使われます。このことは次の (40a,b) でも同様で、多くの人達が参加したイベントという意味ですが、(40a) には「大事件」という意味でも使われます。

(40) a. a big event

　　b. a large event

　また、large には主観的な意味合いの強調の意味はありません
ので、次のような言い方の場合は big を使います。

(41) a. Their attempt was a big (*large) failure.

　　（彼らの試みは大失敗だった）

　　b. He is a big (*large) liar.（彼は大嘘つきだ）

　さらに、big が主観的な意味合いが強いことから、次のように「皮
肉」を込めて言う場合にも用いられます。

(42) You are a big boy [girl] now.

　　（もう大きいんだから［子供じゃないんだから］小さな子供の
　　ような行動はやめなさい）

〈little と small の意味の違い〉

　big と large でみた「主観的」、「客観的」の違いは little と small
にも当てはまります。small は「物の形状、面積、容量などが標
準や比較の対象よりも小さい」という客観的な表現ですが、little
は「大きさが平均または一般的な基準以下である」ことを表しま
すが、話者が**「愛情、同情、満足」**などの**主観的な感情**を抱いて
いることを表します。

　そこで次の 2 つの表現を比較してみましょう。

(43) a. small boy

    b. little boy

(43a,b) はともに「小さな男の子」という意味では、一見同じ意味に思えますが、(43b) の **little** には **「愛情」という主観的な感情**が含まれています。このことは次の (44a,b) の「小さな耳」でも同様で、(44b) は赤ちゃんなどの小さくて愛らしい耳を愛情を込めて言う場合の表現です。

(44) a. small ears

    b. little ears

  この small と little の違いは次の例を見るといっそう明らかになります。「小さな問題」というときには、主観的な感情は馴染みませんので (45b) のように言うことはできません。

(45) a.   small problem

    b. *little problem

  この little の「愛情などの主観的な感情」は little という語がもっている音と関係があります。つまり、この little という語の音が主観的な感情（情緒性）を醸し出しているのです。たとえば、よく知られている『きらきら星』は **"Twinkle Twinkle Little Star"** ですが、これを **"Twinkle Twinkle Small Star"** としてしまうと**情緒性**はなくなってしまいます。

〈コラム〉

日本語の「広い」とそれに対応する英語

　日本語では「広い道」、「広い部屋」、「広い額」では、同じ「広い」という語を使いますが，それぞれに対応する英語は 'a wide road' 'a large room' 'a high forehead' というように、異なる形容詞で表現します。これは、**日本語話者は対象物が知覚上の視野を占める割合が大きいという知覚体験上の類似性があれば、「広い」を使う**からです。そしてその広さは絶対的なものではなく、「道としては広い」「部屋としては広い」というように，対象に依存した広さです。それに対して、**英語の場合には、「道の幅」、「部屋の面積」、「額の広がりの程度」はそれぞれ異なる概念である**ため，それらに対応した語で表現されます。

〈比較構文〉

　私達にはＡとＢを比較するという能力があり、このことを言葉で表現したものが比較構文です。ここで大切なことは、「何を比較するのか」を意識することです。たとえば、次の図で身長を比較する場合には、共通項の tall を比較することになります。

Miki is tall.　Jiro is tall.

Aki is tall.　Toshi is tall.

図 6

Miki と Jiro の身長は同じくらいですから、共通項の tall を as ...
as ～（～と同じくらい…）の…に入れて表現しますから、次のよ
うになります。

(46) Miki is as tall as Jiro (is).
　　（ミキはジローと同じくらいの背丈です）

また、Aki と Toshi の身長を比較すると、Toshi の方が身長が高
いので、共通項の tall を比較級にして表現すると以下のようにな
ります。

(47) Toshi is taller than Aki (is).
　　（トシはアキより背が高い）

〈コラム〉
　　この比較構文と関係する構文として以下の表現があります。

(i) Young as he is, he is sensible.
　（彼は若いが、分別がある）

この表現は昔は as young as he is という表現で、as young の
as がなくなったもので、young と sensible の論理関係から
譲歩の意味として固定化したものです。

〈節の比較構文の補足〉
　　「彼は私よりも背が高い」というのは、He is tall. と I am tall. の

tall を共通項として、2 人の背丈を比較するわけですから、英語で表現すると (48a) になります。でも、日常的には (48b) のように表現することも多いのです。

(48) a. He is taller than I (am).

　　b. He is taller than me.

これは、**than はもともとは接続詞ですが、前置詞として使われるようになったため**で、**前置詞の後には目的格がくることから me が使われるようになった**ものです。

〈**比較構文の in と of**〉

　日本語で「〜の中で」という表現は、次の (49a,b) のように、英語では in を使う場合と of を使う場合があります。

(49) a. John is the tallest in the class.

　　（ジョンはクラスの中で一番背が高い）

　　b. Mary is the tallest of the four sisters.

　　（メアリーは 4 人の姉妹の中で一番背が高い）

これは、前置詞の意味を考えると分かります。in は「空間の中に何かがある」ということを表す前置詞です。(49a) では「クラスという空間の中で」という**比較の範囲**を表しているのです。それに対して、of という前置詞は、第 6 章で見たように、A of B で「A が B の一部分」であることを表します。(49b) では 4 人の姉妹と

いう集合の中の一部に Mary がいるということです。このように**比較の対象**を表す場合には of になるのです。

〈one of 最上級＋複数名詞の意味〉

　英語の最上級の使い方は、次の (50) では the richest person というように単数名詞になっていますから、文字通り、「町で一番のお金持ち」ということで 1 人に限定されます。

(50) Mr. Smith is the richest person in this town.

　しかし、英語には次のような表現があります。

(51) Bellagio is one of the best hotels in Las Vegas.
　（ベラジオはラスベガスで一番良いホテルの 1 つだ）

ここで問題になるのは最上級の best の後の名詞が複数形になっていることです。hotels が複数形になっているのは、ホテルの集合を表しているからで、the best hotels というのは、下の図の黒で表示された最も良いランクに位置付けられるホテルの集合ということです。ですから、(51) の英文は、ベラジオはラスベガスで最も良いランク付けをされたホテルの集合の中の 1 つだ、ということを表現したものということになります。

図 7

〈比較級に more を使う場合〉

　比較構文では、(52a) のように、2 音節の形容詞は -er をつけて比較級にします。しかし、常に -er をつけて比較級にするわけではなく、(52b) では lazy を lazier とすることはできません。

(52) a.　Tom is taller than Bill (is).（トムはビルより背が高い）
　　　b.　*John is lazier than stupid.

ここで、(52a) と (52b) の違いは、(52a) では、Tom is tall. と Bill is tall. の tall を共通項として比較していますが、(52b) はそうではなく、John is lazy. と John is stupid. では共通項がありません。このような場合には比較級は -er ではなく、(53) のように more を使って表現します。

(53) John is more lazy than stupid.
　　（ジョンは愚か者というより怠け者だ）

〈比較級の less の意味〉

　less は現在では little の比較級として使われていますが、もともとは「数・地位・大きさ・程度などが一定の基準よりも劣っている」という意味です。しかし、この less の発想は日本語の発想とは違っていますので、使いこなすことはそれほど簡単ではありません。たとえば、次の日本語を英語で表現するとどうなるでしょう。

(54) 痩せたいなら、食べる肉の量をへらしなさい。

この日本語を英語で表現すると、(55) のようになります。

(55) If you wish to lose weight, eat less meat.

　つまり、「痩せたいなら、**より少ない量の肉**を食べなさい」という発想で、「より少ない〜」というように**名詞的に表現**するということです。そこでこの発想に慣れるために例をいくつか挙げてみます。

(56) a. There was <u>less traffic</u> in those days.
　　（当時はそれほど交通量はなかった）
　　b. They now do <u>less work</u> than they did before.
　　（彼らは今は以前ほど仕事をしていない）
　　c. Make <u>less noise</u>, please.（もう少し静かにしてください）
　　d. This rebuilding plan is <u>less burdensome</u> for the residents.
　　（この改築案は住民の負担が少ない）

　このように less + 名詞で「より少ない〜」という表現をするのは、英語は名詞的な表現を好むからですが、この表現の仕方が英語では一般的であることは、次の表現を見ても分かります。

(57) a. No student can answer it.（それに答えられる生徒はいない）
　　b. I have no money with me.（お金の持ち合わせがない）

　このように、英語では「いない生徒がそれに答える」、「ないお金をもっている」と表現するのです。

　そしてこのことは、なぜ英語には「無生物主語構文」があるの
か、ということにも繋がります。次の例のように、日本語では「こ
の歌を聞くと」という動詞を使った表現になるところを、英語で
は This song という名詞表現に込めて表現します（第 1 章 2 節「ス
ロットから見えてくる英語の特徴」の例文 (18) を参照）。

(58) a. この歌を聞くと、私は子供の頃を思い出す。

　　b. This song reminds me of my childhood.

6. 接続詞

　「接続詞」というのは「語と語」、「句と句」あるいは「節 (S+V)
と節 (S+V)」をつなぐ働きをするもので、その働きに応じて**「等
位接続詞」**と**「従属接続詞」**に分けることができます。

〈等位接続詞〉
　<u>等位接続詞とは意味的にも機能的にも同じものをつなぐ働き</u>を
します。具体的には「名詞 and 名詞」、「形容詞 and 形容詞」、「動
詞句 and 動詞句」、「節 and 節」のようになります。

(59) a. I would like <u>a cup of coffee</u> and <u>a sandwich</u>, please.
　　（コーヒーとサンドイッチをください）（名詞 and 名詞）

　　b. John <u>felt in his pocket</u> and <u>pulled out a key to the room</u>.
　　（ジョンはポケットを探って部屋の鍵を取り出した）
　　（動詞句 and 動詞句）

c. <u>The police arrived</u>, and <u>he arrested the thief</u>.
（警察官が到着して泥棒を逮捕した）（節 and 節）

　節と節をつなぐ場合には (59c) のように **S + V, and S + V の**
ようにコンマが必要ですが、節が短い場合には省略することもで
きます。
　この and の使い方で重要なことは **「節と節」をつなげる場合**に
は (60) のように２つ目の**節の一部を省略できる**ということです。

(60) a. The thief broke into the house and (he) stole the money.
　　（泥棒がその家に侵入し金銭を盗んだ）
　b. Jenny ordered an ice-cream, and Mary (ordered) a fruit juice.
　　（ジェニーはアイスクリームを注文し、メアリーはフルーツ
　　ジュースを注文した）

　これは１つ目の節にある表現を繰り返すことを避けることで文を
簡潔にするためです。
　また、**３つ以上の語をつなげる場合には最後の語の前に and**
をつけます。

(61) John is tall, dark, and handsome.
　　（ジョンは背が高くて、色黒で、ハンサムだ）

　複数の形容詞が名詞を修飾している場合にはコンマをつけま
す。ただし、日常的によく使う形容詞の場合には省略できます。
また、名詞の前にいくつかの形容詞を並べるときには (62a) のよ

うにカンマをつけますが、短い語のときには (62b) のように省略
できます。

(62) a. an expensive, ill-planned, wasteful project

　　　（費用のかかる、計画もずさんな、無駄なプロジェクト）

　　b. a tall dark handsome boy

　　　（背が高くて色黒でハンサムな男性）

〈従属接続詞〉

　従属接続詞は「時」、「理由」、「条件」、「対比」などを表します。
<u>ここで大切なことは従属接続詞はその後ろに「主語＋動詞」とい
う節が続くということです</u>。

　時を表す接続詞には as と when がよく使われますが、**as は 2
つの出来事の同時性が強いときに使います**。

(63) a. As the police arrived, the crowd began to shout angrily.

　　　（警察官が到着すると、群衆が怒って叫びはじめた）

　　b. I saw the thief as he was leaving the building.

　　　（私は泥棒がその建物を出ようとしているところを見た）

〈理由を表す接続詞：since, as, because〉

　理由を表す接続詞には because の他に since や as がありますが、
基本的な違いとしては <u>since, as は理由が聞き手に分かっている
場合</u>に使います。それに対して <u>because は聞き手の知らない理
由について述べる場合に使いますから、since, as よりも意味が
強い</u>と言えます。また、このことから、**英語は文末で聞き手に**

とって新しい重要な情報を伝えるという特徴をもっているため、since, as は文頭で表現され、because は文の後ろの方で表現されることが多いといえます。

(64) a. Since he had not paid his bill, his electricity was cut off.
（彼は電気代を払わなかったので電気を切られた）

b. As it is raining again, we will have to stay at home.
（再び雨が降っているので家にいなければならない）

c. I was not able to attend the conference because my father had a bad car crash.
（父がひどい自動車衝突事故を起こしたので、会議に出席できなかった）

　理由を述べる言い方には for を使った言い方もあります。これは後から思いつきとして理由を付け加えるという意味合いですから、それほど重要な情報とは受け取られません。このことから、for は文頭で使うことも、単独で使うこともありません。

(65) I decided to stop and have lunch——for I was feeling hungry.
（仕事の手を休めて昼食を取ることにした。お腹がすいてきたので）

〈コラム〉

　if, when, while, until, once, unless, (al)though の従属接続詞の後では次のように「代名詞 ＋ be 動詞」が省略されること

があります。

(i) a. I'll pay for you if necessary. (= …if it is necessary)

　　（必要なら君の分の勘定も払うよ）

　 b. If in doubt, wait and see. (= If you are in doubt, …)

　　（疑っているなら、成り行きを見てろよ）

これは、代名詞はすでに表現されている名詞の代わりに使
われるものですから、省略しても意味は分かりますし、ま
た、be 動詞は現在か過去かという時制を表すものですので、
この情報も主節から分かるからです。

〈ポイント〉

　対立 (contrast) を表す接続詞には though, although, while, whereas
があり、次のように使います。

(66) a. Although the government refuses to admit it, its economic
**　　 policy is in ruins.**

　　（政府はそれを認めることを拒否したが、政府の経済政策は
　　崩壊している）

**　 b. In Britain the hottest month of the year is usually July,**
**　　 while (whereas) in Australia it is usually the coldest.**

　　（イギリスでは 1 年で一番暑い月は通常は 7 月だが、オース
　　トラリアでは 7 月は通常は一番寒い月だ）

しかし、文体から言えば、対比を表す方法として、S+V と

S+V を２つの独立した文として表現して、２つ目の文に on the other hand, や on the contrary を加える方が美しい英文となります。

(67) Arranged marriages are common in many Middle Eastern countries. In the West, on the other hand, they are unusual.

（多くの中東の国々では見合い結婚は一般的だ。それに対して西洋では見合い結婚はまれだ）

参考文献

安藤貞雄 (2002)『英語史入門』開拓社，東京.

Bolinger, Dwight (1977) *Meaning and Form*, Longman, London.

Brown. G. and G. Yule (1983) *Discourse Analysis*, Cambridge University Press, Cambridge.

Deane, P. (1987) "English Possessives, Topicality, and the Silverstein Hierarchy," BLS 13, 65-76.

Declerck, R. (1991) *A Comprehensive Descriptive Grammar of English*, Kaitakusha, Tokyo.

Dixon, Robert M.W. (1991) A *New Approach to English Grammar on Semantic Principles*, Oxford University Press, Oxford.

Dunlosky, J. and J. Metcalfe (2009) *Metacognition*, SAGE Publications, London.

Gibbs, Raymond (2005) "The Psychological Status of Image Schema," *From Perception to Meaning*, ed. by Beate Hampe, 113-135, Mouton de Gruyter, Berlin/New York.

Grady, Joseph E. (2005) "Image Schemas and Perception: Refining a Definition," *From Perception to Meaning*, ed. by Beate Hampe, 35-55, Mouton de Gruyter, Berlin/New York.

Gundel, J.K. et al. (1993) "Cognitive Status and Form of Referring Expressions in Discourse," *Language* 69, 274-307.

濱田英人 (1998) "On the English Possessive Constructions: NP's N and the N of NP,"『文化と言語』（札幌大学外国語学部紀要）第 48 号，13-33.

Hamada, Hideto (2000) "On the Cognitive Structures of Infinitival and Gerundive Complements," *Journal of Hokkaido Linguistics*, Vol. 1, 43-57, Hokkaido Linguistics Society.

Hamada, Hideto (2003) "Complement Selection of Aspectual Verbs,"『文化と言語』（札幌大学外国語学部紀要）第 31 号，35-55.

濱田英人（2004）「認知言語学と英語教育」『文化と言語』（札幌大学外国
　　語学部紀要）第 61 号，133-178.

濱田英人 (2008)「概念主体の事態解釈と構文― have 構文の認知構造―」
　　『文化と言語』（札幌大学外国語学部紀要）第 69 号，105-130.

Hamada, Hideto (2009) "Possession and Existence: Conceptual Nature of *Have*
　　and *There* Constructions," 『英文学研究―支部統合号』第 2 巻，91-
　　112, 日本英文学会.

濱田英人 (2011)「言語と認知―日英語話者の出来事認識の違いと言語表
　　現―」『函館英文学』第 50 号，65-99, 函館英語英文学会.

Hamada, Hideto (2014) "Human Cognition and Nature of Language Diversity,"
　　『函館英文学』第 53 号，1-27, 函館英語英文学会.

濱田英人（2016）『認知と言語―日本語の世界・英語の世界―』（開拓社
　　言語・文化選書 62）開拓社，東京.

濱田英人 (2017)「脳内現象としての言語―日本語の感覚・英語の感覚の根
　　源的基盤―」『函館英文学』 第 56 号，47-61, 函館英語英文学会.

濱田英人 (2019)『脳のしくみが解れば英語がみえる』開拓社，東京.

濱田英人 (2020)「脳内現象としての言語―認知と言語的表出のメカニズ
　　ム―」『函館英文学』第 59 号，51-67, 函館英語英文学会.

濱田英人 (2021)「概念形成と言語習得―名詞と冠詞の教授法の根源的基
　　盤―」『函館英文学』第 60 号，1-17, 函館英語英文学会 .

濱田英人、高島彬、戸田ともこ (2015)「認知主体の事態把握と言語化―
　　日本語の「V テイル」と英語の 'be V-ing'」『函館英文学』第 54 号，
　　33-56, 函館英語英文学会.

Hinds, John (1986) *Situation vs. Person Focus*, くろしお出版，東京 .

保坂道雄 (2014)『文法化する英語』（開拓社　言語・文化選書 47）開拓社，
　　東京 .

井川壽子 (2012)『イベント意味論と日英語の構文』くろしお出版，東京 .

池上嘉彦 (1981)『「する」と「なる」の言語学』大修館書店，東京 .

池上嘉彦 (2006)『英語の感覚・日本語の感覚〈ことばの意味〉のしくみ』NHK ブックス, 東京.

影山太郎 (1980)『日英比較 語彙の構造』松柏社, 東京.

柏野健次 (2002)『英語助動詞の語法』研究社, 東京.

金谷武洋 (2003)『日本語文法の謎を解く―「ある」日本語と「する」英語』筑摩書房, 東京.

久野 暲・高見健一 (2002)『日英語の自動詞構文』 研究社, 東京.

熊谷高幸 (2011)『日本語は映像的である―心理学から見えてくる日本語のしくみ』新曜社, 東京.

小西友七（編）(1980)『英語基本動詞辞典』研究社, 東京.

小西友七（編）(1989)『英語基本形容詞・副詞辞典』研究社, 東京.

Langacker, Ronald W. (2008) *Cognitive Grammar*: A Basic Introduction, Oxford University Press, Oxford.

Leech, Geoffrey N. (1989) *An A-Z of English Grammar & Usage*, Edward Arnold, London.

中右 実 (1998)「空間と存在の構図」『構文と事象現象』（日英語比較選書 5）, 2-106, 研究社出版, 東京.

中野清治 (2014)『英語の法助動詞』（開拓社 言語・文化選書 49）開拓社, 東京.

中村芳久 (2009)「認知モードの射程」『「内」と「外」の言語学』, 353-393, 開拓社, 東京.

Newman, John (1996) *Give―A Cognitive Linguistics Study* (Cognitive Linguistics Research 7), Mouton de Gruyter, Berlin/New York.

野村益寛 (2020)『英文法の考え方』（開拓社 言語・文化選書 87）開拓社, 東京.

尾野治彦 (2018)『「視点」の違いから見る日英語の表現と文化の比較』（開拓社 言語・文化選書 75）開拓社, 東京.

Quirk, R. et al. (1985) *A Comprehensive Grammar of the English Language,*

Longman, London.

Radden, Günter and René Dirven (2007) *Cognitive English Grammar* (Cognitive Linguistics in Practice 2), John Benjamins, Amsterdam.

Ramachandran, V.S. (2011) *The Tell-Tale Brain*, W.W. Norton &Company.

鈴木孝夫 (1973)『ことばと文化』岩波書店，東京.

高見健一 (2011)『受身と使役』(開拓社　言語・文化選書 25) 開拓社，東京.

Talmy, Leonard (2000) *Toward a Cognitive Semantics*, vol.2, *Typology and Process in Concept Structuring*, MIT Press, Cambridge.

Taylor, J.R. (1989) "Possessive Genitive in English," *Linguistics* 27, 663-686.

Taylor, J.R. (1994) " "Subjective" and "Objective" Readings of Possessor Nominals," *Cognitive Linguistics* 5-3, 201-242.

月本　洋 (2008)『日本人の脳に主語はいらない』講談社，東京.

Tomasello, Michael (2003) *Constructing a Language: A Usage-Based Theory of Language Acquisition*, Harvard University Press, Harvard.

Traxler, Matthew, J. (2012) *Introduction to Psycholinguistics,* Wiley-Blackwell.

上山恭男 (2016)『機能・視点から考ええる英語のからくり』(開拓社 言語・文化選書 64) 開拓社，東京.

山鳥　重 (2008)『知・情・意の神経心理学』青灯社，東京.

山梨正明 (2004)『ことばの認知空間』開拓社，東京.

Wierzbicka, Anna (1988) *The Semantics of Grammar*, John Benjamins, Amsterdam / Philadelphia.

参照辞典

小西友七・南出康世（編）『ジーニアス英和大辞典』(2012)　大修館書店，東京.

Collins COBUILD English Dictionary (1995), HarperCollins Publishers.

Oxford Advanced Learner's Dictionary (2010) Oxford University Press, Oxford.

濱田英人（はまだ・ひでと）札幌大学地域共創学群教授。1957年、北海道生まれ。北海道大学大学院文学研究科英米文学専攻博士後期課程退学。博士（文学）2001年～2002年、カリフォルニア大学サンディエゴ校客員研究員（Langacker 教授の指導の下、英語の主要な構文について認知文法の視点から研究）。専攻、認知言語学、英語学。主著 Grammar and Cognition (Kyodo Bunkasha,2002) Grammar of the English Language（テキスト、三浦印刷、2010）『認知と言語』（開拓社、2016）『認知文法の原理』（開拓社、2021）『脳のしくみが解れば英語がみえる』（開拓社、2019）ほか

英文法の正体
——ネイティブの感覚で捉える

2021 年 10 月 20 日　第 1 刷発行

著　者　濱田英人

発行者　辻　一三

発行所　株式会社青灯社
東京都新宿区新宿 1 - 4 -13
郵便番号 160-0022
電話 03-5368-6923（編集）
　　 03-5368-6550（販売）
URL http://www.seitosha-p.co.jp
振替　00120-8-260856

印刷・製本　モリモト印刷株式会社
©Hideto Hamada 2021
Printed in Japan
ISBN978-4-86228-117-3 C0082

英単語イメージハンドブック

大西泰斗／ポール・マクベイ 著 　　　　　　　　　定価 1800 円＋税

☆ 語学番組でおなじみの著者による、「イメージ」を使った英単語学習の
　集大成

「話せる英語」へ ほんとうの近道

山岡 憲史 著 　　　　　　　　　　　　　　　　　定価 1800 円＋税

☆ 大学入試対策にも好適。英語のしくみに基づいた「話せる英語」の
　決定版！

英語の発信力を強化するレッスン［新版］

今井康人 著 　　　　　　　　　　　　　　　　　定価 1400 円＋税

☆ 豊富な例文を用いて、英語の話す力・書く力を高める方法を伝授。
著者の考案した画期的な授業法も紹介する

金原瑞人 MY FAVORITES シリーズ

金原瑞人 編 　　　　　　　　　　　　　　　　　定価各 1200 円＋税

☆ 詳しい注付きで辞書なしで読め、多読に最適。原文はすべて収録

・THE BOX（ブルース・コウヴィル 著）
・変身（フランツ・カフカ 著）
・異邦人（アルベール・カミュ 著）
・征服されざる者／サナトリウム（サマセット・モーム 著）
・キリマンジャロの雪／フランシス・マカンバーの短く幸せな生涯
・ストレンジ・カントリー（以上、ヘミングウェイ 著）
・南からきた男、ほか ロアルド・ダール短編集（ロアルド・ダール 著）
・はつ恋（イワン・トゥルゲーネフ 著）